中公新書 2615

河合信晴著

物語 東ドイツの歴史

分断国家の挑戦と挫折

中央公論新社刊

はじめに

戦後ドイツについて、日本人はどのようなイメージを持っているだろうか。

戦後復興、経済的繁栄、欧州統合といったものであれば、ドイツが戦後に廃墟《はいきょ》からの復活を遂げ、ヨーロッパのなかで中心的な位置を占めるようになったことを評価したものであろう。あるいは、安定した政党政治の実現、アデナウアーやブラントといった優れた政治指導者を挙げるようであれば、ナチ時代の負の歴史を克服して、議会制民主主義を実現した国と見ることもできよう。戦後ドイツの歴史は、ふつう何の断りもなければ、正式名称である「ドイツ連邦共和国」、一般に西ドイツと呼ばれていた国の歩みと同一視されている。

しかし、ここで立ち止まって考えてほしい。一九九〇年までは「連邦共和国」だけがドイツだったわけではない。戦後ドイツには西ドイツと同じくドイツという名称を持つ国が存在した。

正式名称は「ドイツ民主共和国」、一般には東ドイツと呼ばれていた。この国は第二次世界大戦後、朝鮮半島の二つの国と同様、アメリカとソ連による冷戦の緊張が生み出した分断国家のひとつであり、社会主義陣営に属した。北はバルト海に面し、南ではチェコスロバキア、東ではポーランドと国境を接し、領域面積は、約一〇万九〇〇〇平方キロメートル、人口は約一七〇〇万人だった。人口規模では西ドイツに比べて四分の一、面積では半分ほどの規模である。首都は第二次世界大戦の戦勝国である米・ソ・英・仏が管理するベルリンの東部分に置かれた。

ドイツ統一前の東ドイツは、オリンピックで数多くのメダルを獲得するスポーツ大国として知られ、日本にとってもある種の〝輝き〟を放つ存在であった。しかし、統一後は、国家ぐるみのドーピングの実態とともに、国民の多数が関係を持ったといわれる秘密警察シュタージのスパイ活動が明るみにでた。この国を率いた社会主義統一党（SED）の非人道性への告発が相次いだ後には、日本では東ドイツの存在そのものが忘れさられつつある。

だが二〇一〇年代に入ると、世界的には、東ドイツは現代史の主要テーマのひとつとなっている。旧東側地域では「オスタルギー」と呼ばれるかつての社会を懐かしむ風潮が広がり、統一から三〇年を経ても残る失業率・所得水準の東西格差について関心も高い。何より、この国の史料がほぼすべて公開された結果、東側社会の実態を観察できる恰好《かっこう》の材料とみなされている。

東ドイツの四〇年の歩みは、冷戦の動向に左右された。この国は建国後も、ソ連軍が駐留し続け、絶えず冷戦の影響を受けざるをえなかった。東ドイツの政治・経済などあらゆる制度は、ソ連に類似した形に徐々に変化していった。東ドイツと、実質的にこの国を支配した社会主義統一党の命運は、ソ連がドイツ統一やこの国の外交自立性を、どのように評価するかにかかっていたようにも思われる。そのうえで、一九五六年のハンガリー事件や六八年のプラハの春、さらには七〇年代の米中接近といった国際変動に対応し、西ドイツをはじめとした西側との外交関係の樹立といった課題にも取り組まねばならなかった。

同時に東ドイツは、生活の豊かさを実現できることを自国民にアピールし続けなければならなかった。基準は西ドイツの豊かさであり、それは、大衆消費社会化しているアメリカからの影響を受けたものであった。社会・文化面では、豊かさを求める人びとからの圧力が、東ドイツという国家にのしかかっていたのである。

本書はこの東ドイツの四〇年間の軌跡を追う。これら内外の圧力の下、ドイツ統一やナチスの過去とどう向き合ったのか、社会主義統一党による政治、経済政策と外交関係の変化を押さえつつ、日常生活の実態にも触れる。そこからは、かつて流布したものとは異なる東ドイツ像が浮かび上がるはずだ。

東ドイツは西ドイツと同じく、ナチスの記憶と分断国家という現実を背負って生まれた。そのなかで、この国が求めていたものは、ナチ時代までのドイツとは訣別《けつべつ》した貧困のない社会であった。その挑戦は四〇年で終わったが、政治と一人ひとりの人間の間には抑圧以上の関係が存在した。

東ドイツの歴史を振り返ることは、戦後東西世界の相違点だけでなく共通点も浮き上がらせる。本書は、同じく驚異の復興を遂げた西ドイツ以上に、国家維持のためとはいえ多大な労力を社会福祉に割いたもう一つの戦後ドイツを描く試みである。

目次

地図・図表作成／ヤマダデザイン室

デンマーク
バルト海
ロストック
メクレンブルク州
ハンブルク
シュベリン
ノイ・ブランデンブルク
エルベ川
ドイツ民主共和国
ブランデンブルク・
プロヴィンツ
ポーランド
ベルリン
（西）
仏占領地区
東ベルリン
英占領地区
ドイツ
連邦共和国
ザクセン・
プロヴィンツ
ポツダム
米占領地区
フランク
フルト
オーデル川
マグデブルク
コトブス
ハレ
ライプチィヒ
ドレスデン
エアフルト
チューリンゲン州
ゲーラ
ザクセン州
カール＝マルクス
＝シュタット
（ケムニッツ）
ナイセ川
ズール
チェコスロバキア
県境界線（1952～1990年）
州境界線（1952年7月23日まで）
県都（県名と県都の名前は同一）
0
50
100
km
東ドイツ地図

序章　東ドイツを知る意味

統一後の東ドイツイメージ

一九九〇年一〇月三日のドイツ統一以降、ドイツのみならず世界の現代史研究者は、東ドイツの歴史を問い続けてきた。いまではその成果は膨大な量に及び、その結論も多種多様である。今後も一時期の爆発的な研究量ほどとはいわないまでも、第二次世界大戦後の世界を知るうえで欠かせない材料として、研究の関心は継続するであろう。

しかし、多様な研究成果とは裏腹に、世間一般の東ドイツのイメージはかなり単純化したものに収斂《しゅうれん》している。それはソ連の「衛星国家」として冷戦に左右される運命から逃れられず、秘密警察が監視の目を張り巡らせて、体制が気に入らない人物は逮捕、拘禁される抑圧的な国家であったというものである。

統一から三〇年を経た現在のドイツの政治でもまた、こうした負のイメージを前提にして東ドイツは語られる。たとえば東ドイツ側から初の首相となったアンゲラ・メルケルは、東ドイツを「不法国家」であったと述べたことがある。彼女はこの言葉で、東ドイツをナチスと変わらない体制であると批判した。東ドイツは恰好の「悪」の象徴となっている。

イメージを変えていく研究

世間一般のみならず、研究についても、ドイツ統一当初は旧西ドイツの正当性に立ったものが多かった。しかし、一九九〇年の統一から一〇年以上を経て、東ドイツの約四〇年に及ぶ社会の安定は抑圧だけで維持できるはずがないという議論がでてくる。これは「独裁の限界」論と呼ばれるが、こうした研究が東ドイツ社会内部の自立性を明らかにしてきた。

この議論によると、人びとは独裁的な体制にあっても、社会主義統一党に無条件に従っていたのではない。彼らは政策を自らの都合の良いように読み替えて行動するしたたかさを持っており、体制の意図は「換骨奪胎」されていたというのである。

その後、政治と社会の間に存在していた回路の重要性を指摘する「ミツバチの巣」論が提示される。イギリスの歴史学者メアリー・フルブルックによって提唱されたこの議論は、東ドイツに暮らす人びとは、自らの生活を成り立たせるために、さらには不満を軽減するために体制とやり取りをしていた。その行為は知らず知らずのうちに、東ドイツという「ミツバチの巣」を修繕することになったという。社会主義統一党の側も抑圧を回避して、人びとから支持を取り付ける努力をする方向に転じたとされる。

政治外交史からも、ソ連の衛星国家でしかなかったという評価の修正が進む。そこからは社会主義統一党の指導者たちがいかにして自らの国益や存在を確保する努力をしてきたのかが明らかになってきている。東ドイツは、ソ連からどのように距離を置こうとしたのか、反対に、西ドイツとの距離をどのように縮めようとしたのか。その主体的な行動への評価は大きく変わった。

本書はこうした新しい研究の成果を活かしつつ、東ドイツの歴史を描くに当たって、この国が抱えることになったさまざまな矛盾に着目する。そのためソ連と西ドイツを視野に入れた政治外交や、体制と社会について往還しながら議論する。東ドイツの軌跡のなかでも特に次の三つの歴史的事実に着目すれば、複雑な過程を幾分なりとも理解しやすくなるはずである。

第一には冷戦である。東ドイツは戦後の国際環境から影響を直接受ける立場にあり、米ソ対立におけるユーラシア大陸の西の最前線にある分断国家であった。冷戦は、外交や国内政治、さらにはこの国に暮らす人びとの意識を規定し続けた。

ユーラシア大陸の東の最前線である朝鮮半島とは異なって、東ドイツは国内の真ん中に、米・ソ・英・仏が管理するベルリンという特殊な都市を抱えており、その場所は資本主義と社会主義どちらの体制が優位に立つのか、その「ショーウィンドー」の役割を果たしていた。東ドイツは西ベルリンを通じて絶えず、西側や西ドイツと向かい合わざるをえなかった。

第二は「ソ連化」による社会主義体制への移行の影響である。政治・経済体制がソ連型に変化するなかで、政治が消費行動や社会保障、余暇への対応など人びとの生活を丸抱えするようになっていく。日常生活が政治に直結したのである。しかし、議会制民主主義が存在しないながらも、人びとの辛辣《しんらつ》な批判や不満は体制に向けられていた。さらに社会主義圏で一般に見られる「不足の経済」が、この国の人びとの行動を左右した。

第三にはドイツの過去が問題となる。東ドイツは、戦前のヴァイマル時代のブルジョワ的価値観を克服しつつ、労働運動の伝統を継承することを考えた。また、「アンチ・ファシズム」と称されるナチ体制の否定を進めた。東ドイツには、これらドイツの過去の歴史と新しい社会主義体制との摩擦が絶えず存在していた。

これら三つはいずれも重なり合いながら、東ドイツのさまざまな矛盾を生み出していった。歴史を知ろうとするとき、往々にして、うまくいった事例を取り上げる歴史記述は成功史観となる。実際、ドイツ現代史の多くの記述は、西ドイツを成功の歴史として捉《とら》えている。その反対に、東ドイツは失敗の歴史として描かれる。だがそれだけであろうか。

本書は他人の失敗を上から眺める視点は採らない。あくまで失敗したとされる東ドイツの四〇年間に、どのような事実があったのかを、それぞれの時代背景に即して明らかにしていく。失敗は他人のものであっても、自らを省みる重要な参照軸を提供してくれるのではないだろうか。その点に、消滅した東ドイツを描く意味を見出したい。

第1章　新しいドイツの模索――胎動　1945-1949

1　ソ連占領と戦後体制の基礎

ソ連占領のはじまり

一九四五年五月八日の深夜、東ベルリン郊外にあるカールスホルストのソ連軍司令部で、ドイツは連合国に対する無条件降伏文書に調印した。こうして、ヨーロッパの第二次世界大戦は終結する。各地に悲惨な状況をもたらしたナチ体制は完全に崩壊し、続いて六月五日、連合国はドイツの敗北と全権掌握を宣言した。こうしてドイツは米・ソ・英・仏四ヵ国軍の直接占領下に置かれた。

ソ連は旧ドイツ領域のうち、米・英・仏が占領した地域を除き、オーデル川とその支流のナイセ川以西の占領地をソ連占領地区（SBZ）として軍政を布いた。旧プロイセン領マルク＝

ドイツ降伏　国会議事堂にソ連国旗を掲げる兵士

ブランデンブルク・プロヴィンツ（現ブランデンブルク州）やザクセン・プロヴィンツ（現ザクセン＝アンハルト州）、ザクセン州やメクレンブルク州の占領行政を司《つかさど》る組織として六月九日に設置されたのが、在独ソ連軍政本部（SMAD）である。最高司令官には当初はゲオルギー・ジューコフ元帥、すぐ後に上級大将から元帥に昇格したヴァシリー・ソコロフスキーが就任した。外交官のウラディーミル・セミョーノフがその政治顧問に着任する。また、セルゲイ・テュルパーノフ大佐は宣伝局長となり、行政や政治活動に影響力を発揮していく。

在独ソ連軍政本部の人員は、発足当初には五万人以上を数えた。しかしソ連は日々の行政を円滑に進めるために、ドイツ人の協力者を必要としていた。この役割を担ったのが大戦中にナチスの迫害を逃れ、モスクワに亡命した共産主義者たちである。スターリンの粛清を免れた彼らは、ソ連滞在中に反ナチ闘争を行う自由ドイツ国民委員会（NKFD）を組織し、捕虜となり抑留されたドイツ軍兵士に民主化工作を行っていた。ソ連とドイツ人の共産主義者は、この運動に同調して共産党のシンパとなった人びとを協力者として利用しようとしていく。

ソ連に亡命していた共産主義者のなかでも指導的な立場にあったヴァルター・ウルブリヒト

（一八九三～一九七三）、アントン・アッカーマン、グスタフ・ソボトカの三名は終戦直前、ソ連指導部の指示を受け、それぞれグループを率いて赤軍に帯同し、ベルリン、メクレンブルク州、ザクセン州を拠点として占領行政に協力し、共産党の政治活動を事実上開始する。

ポツダム会談でのソ連の思惑

連合国による占領行政が始まった一ヵ月後、一九四五年七月一七日から八月二日にかけて、米・英・ソの首脳がポツダム郊外のツェツィーリエンホーフ宮殿に会した。ドイツの戦後処理について話し合いを行うためだった。ヨシフ・スターリンにとっては、最初にして最後のドイツ訪問となった。

三ヵ国が合意に達したポツダム協定は、ドイツの非ナチ化（Denazifizierung）、非軍事化（Demilitarisierung）、民主化（Demokratisierung）、脱中央集権化（Dezentralisierung）、通称「四つのD」を占領目標とする。この協定では、ドイツは単一の単位として扱われることを強調していた。そのため各占領軍政地区の最高司令官を代表者とした連合国管理委員会が、ドイツ全体の最高司令機関としてベルリンに設置される。

ウルブリヒト

具体的な行政管理については、各占領地区で個別に行

ソ連軍政本部組織図

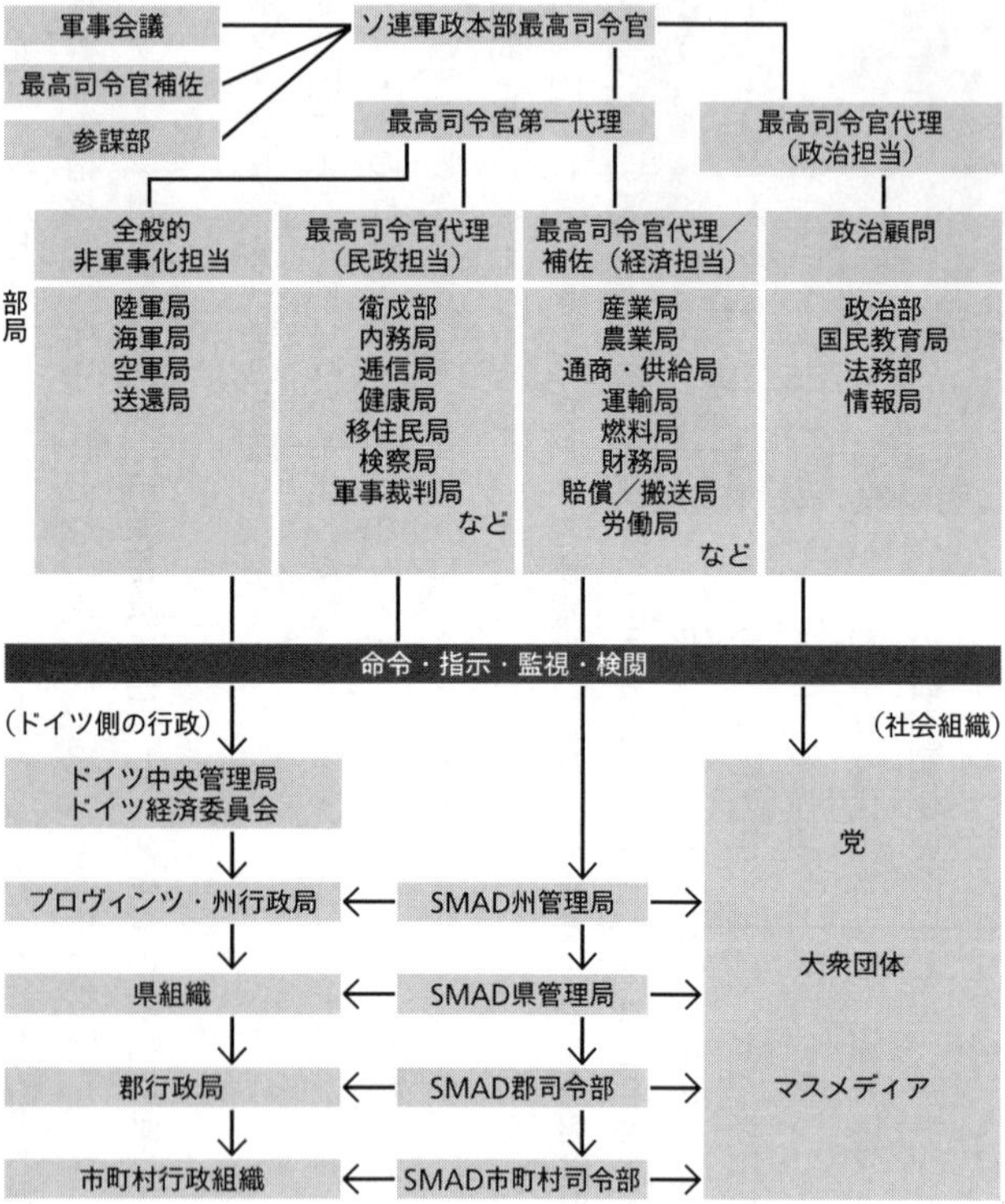
軍事会議
最高司令官補佐
参謀部
ソ連軍政本部最高司令官
最高司令官第一代理
最高司令官代理
（政治担当）
全般的
非軍事化担当
最高司令官代理
（民政担当）
最高司令官代理／
補佐（経済担当）
政治顧問
部局
陸軍局
海軍局
空軍局
送還局
衛戍部
内務局
逓信局
健康局
移住民局
検察局
軍事裁判局
など
産業局
農業局
通商・供給局
運輸局
燃料局
財務局
賠償／搬送局
労働局
など
政治部
国民教育局
法務部
情報局
命令・指示・監視・検閲
（ドイツ側の行政）
（社会組織）
ドイツ中央管理局
ドイツ経済委員会
プロヴィンツ・州行政局
SMAD州管理局
県組織
SMAD県管理局
郡行政局
SMAD郡司令部
市町村行政組織
SMAD市町村司令部
党
大衆団体
マスメディア

うことを定めた。これは脱中央集権化原則を反映したものであったが、各国の占領方針の違いによって、ドイツの政治的な分裂を招くことになりかねなかった。この協定は経済的な単位としてドイツの一体性を維持すると規定していたにもかかわらず、それが不可能となる危険性をはらんでいたのである。首都のベルリンも分割占領された。ベルリンは米・ソ・英・仏が管理する広域の占領地区とは別に、独自地区として各国の軍隊が駐留した。

スターリンがこの協定で最も重視していたのは、独ソ戦を通じて被った損害の賠償をドイツ全体、特に重工業が盛んであったルール地方から引き出すことだった。この方針は、ナチ・ドイツ降伏前の一九四五年二月にヤルタで行われた米・ソ・英首脳会談から一貫していた。

米英は、ドイツに課す賠償が第一次世界大戦の講和条約であるヴェルサイユ条約のように、ドイツ人に高額で懲罰的であるとのイメージを抱かれることを危惧《きぐ》した。また西側は直接占領をしている以上、占領行政と復興のために大量の資金をそれぞれの占領地区に投入する事態になるとも恐れていた。

会談の結果、ドイツが支払うべき賠償総額は決められず、賠償はそれぞれの占領地区で個別に実施されることになった。ただ甚大な被害を被ったソ連は、西側占領地区から賠償を追加で受けるとされた。なおこのソ連に支払われる賠償には、ポーランドに支払われるべきものも含まれた。

ポツダム協定ではソ連軍が占領下においた旧ドイツ領のうち、東プロイセンの北半分をソ連が管理する以外、造船業が盛んであったシュテッティンを含む形で、オーデル・ナイセ線以東を暫定的にポーランドに引き渡す。そしてこの地域は、ソ連占領地区に含まれないとされた。ソ連は独ソ不可侵条約に基づいて、かつてのポーランドの東側地域を併合していた。彼らはドイツの領土を譲渡して、ポーランドへの領土補償を行おうとした。

なお、ドイツとポーランドとの国境については、講和条約締結後に正式に決定されるとしたが、そうした条約は結ばれぬままこのときの国境線は動かしがたいものになっていく。

ソ連はドイツ全体から賠償を引き出したいとする立場から、ポツダム協定の交渉過程で、行政を担当するドイツ側の組織を設ける提案をした。しかし、強大なドイツの復活を危惧するフランスが拒否したために全占領地区での設置は実現しなかった。

その後一九四五年七月、ソ連占領地区には占領地区全体の行政を担うドイツ側の組織、ドイツ中央管理局が部門別に設けられた。この下に各州とプロヴィンツ（旧プロイセン領の行政単位、事実上の州）が位置づけられた。

政党や社会団体の結成

ソ連占領地区では占領開始直後の六月一〇日、ソ連軍政本部命令二号でアンチ・ファシズムを掲げる政党の結成を促すために政治結社の設立が認められる。それは民主主義の基盤を確立し、市民的な自由を確実にするために必要な措置であると説明された。

同時にこの命令は労働組合の結成を認め、労働組合には、経営者との間で労働協約を結ぶ権利を保証し、社会保障金庫や文化・教育事業など福利厚生機関を作ることも促した。

この動きに即応できたのは、ソ連の指導下で設立準備を行っていたドイツ共産党（KPD）である。彼らは指令告示の翌日には結党宣言を行った。それから遅れること四日、六月一五日にドイツ社会民主党（SPD）が続き、その後七月上旬までには、キリスト教民主同盟（CDU）とドイツ自由民主党（LDPD）も結成を表明した。

結成当初から、社会民主党は共産党以上に工場の公有化に熱心であった。また、キリスト教民主同盟も鉱業と基幹産業の国営化を訴えていた。自由民主党にあっても、私有財産を一定程度制限しようとする姿勢を見せた。各党の生産手段の公有化への積極的な姿勢は、ソ連軍政部命令二号が定めたアンチ・ファシズムの理解に合わせたものだろう。当時は、ヨーロッパ全域で新しい社会秩序として、社会主義を容認する気運があった。

ただし、どの地域でも共産党は〝ソ連の召使い〟とみなされていた。共産党は支持をえるために、経済と社会の社会主義化への志向を公に表明することを躊躇《ちゅうちょ》した。

他方で、当時の各党にはヴァイマル時代の政党の四分五裂による乱立がナチ党の台頭を生み出したとの反省の姿勢があった。それゆえプロテスタントが圧倒的多数を占めるソ連占領地区にあっても、キリスト教宗派政党の統一がカトリックとの宗派上の違いを乗り越えて行われる。

またコミンテルンの指導下にあった共産党と、ドイツ最古の歴史を持つ労働者政党である社会民主党の反目と対立こそが、ナチスの台頭を許す最大の要因だったという理解から、両党とも現場レベルでは合同への賛成の声は強かった。それは、西側占領地区の社会民主党代表者クルト・シューマッハーが、反共への志向が強かったのとは対照的だった。

この時期、ソ連占領地区内での勢力関係は社会民主党が有利であり、一九四五年末の段階で約四〇万人にのぼる党員を抱えていた。共産党はソ連軍政本部からトラックやガソリンなど物質的な優遇を受けて活動できたが、党員数は約三七万人だった。

共産党は自らが主導権を握ることができない状況での統一政党の結成をためらい、党員数が増加するまで待つ戦術を採った。

一九四五年七月、各政党の間でドイツの再建と非ナチ化への協力を約束し、政策を協議する「アンチ・ファシズム民主主義政党統一戦線（アンチ・ファシズムブロック）」が結成された。しかし共産党の指導者はソ連軍政本部から直接指示を受けて動いており、決定について事実上の拒否権を持つことになる。

共産党の指導者は一九四五年六月、ナチ体制の崩壊後すぐに労働組合の設立を呼びかける。ヴァイマル時代、企業内で労働者の利益を代表する組織に関して共産党は社会民主党の後塵《こうじん》を拝していた。ウルブリヒトをはじめとする共産党関係者は、労働者をすべて包摂する単一の労組設立を主導し、労働者組織で優位な立場に立とうとした。

共産主義者の呼びかけには、社会民主党に近い労働運動家だけでなく、キリスト教系の労組や労使協調を唱えるヒルシュ・ドゥンカー労働協会の活動家も積極的に同調していた。やはりその背景には、ナチ時代以前の組織分裂への反省があった。

そして一九四六年二月、東ドイツの唯一の労組センターとなる自由ドイツ労働組合総同盟（ＦＤＧＢ）が結成される。この組織は当初、超党派の労働者の組織であり、彼らはソ連占領地区のみならず、西側の占領地区でも積極的に活動する道を探ろうとした。

一九四六年三月には、党派に関係なく青年層を結集し、アンチ・ファシズムを標榜《ひょうぼう》する組織として、自由ドイツ青年団（ＦＤＪ）も創設される。この組織は成立当初からソ連占領地区のみならず、西側占領地区でも積極的に活動した。彼らは全ドイツ的な組織として、ナチ体制後の新たな社会を目指そうとする青年層を引き付けた。その様子は、映画『ベルンの奇蹟《きせき》』（二〇〇三年）で西側の青年が将来を東ドイツに託そうとしている様子からもうかがえる。

ドイツ社会主義統一党の結成

共産党は一九四六年に入ると打って変わって、社会民主党との合同キャンペーンに積極的に乗り出す。彼らは両党の合流に同意しない者はアンチ・ファシズムによるドイツの再建に反対する者だと主張した。ソ連軍政本部と地元のソ連軍はこの動きを支援した。圧力にさらされた社会民主党は、シューマッハーが東側の社会民主党を解散させるべきであると提案する。それに対して、オットー・グローテヴォール（一八九四〜一九六四）らのベルリンの指導部は、労働者政党を統合する必要から両党の統一を党員に求める。両党はそれぞれの党大会で合同を承認した後、党名をドイツ社会主義統一党として、四六年四月二一日と二二日の両日に統一党大会を開催した。

なお、ソ連軍政本部単独での管理が及ばないベルリンは例外であった。この町では社会民主党員による投票が行われ、投票者の八二%が党の合同に反対した。その後、米・ソ・英・仏の戦勝四ヵ国の代表者からなるベルリンの最高決定機関である連合国司令部が、社会主義統一党と社会民主党のそれぞれを承認した。

社会主義統一党の成立　ピーク（左）とグローテヴォール（右）の握手、手前はウルブリヒト

合同後の社会主義統一党の党運営の要《かなめ》を担う党幹部会は、旧社会民主党から八名、旧共産党から一二名、西側占領地区からの三名で構成された。社会民主党出身のグローテヴォールと共産党出身のヴィルヘルム・ピーク（一八七六～一九六〇）が共同党首に選出された。党のあらゆる責任者の地位は、両党出身者が共同で担った。

労働者政党の統一は、共産党一党支配の確立を狙ったものではないかという西側の批判に応えて、社会主義統一党は、ドイツではソ連とは異なる〝社会主義への特殊な道〟を歩んでいると主張した。

自由選挙の実施

一九四六年の九月と一〇月に相次いで、市町村議会と州議会の選挙が予定されていたため、ソ連軍政本部と共産党は両党の合同を早急に求めた。彼らはこの選挙で労働者政党が主導権を握れる議席数獲得を望んだ。しかし、それは共産党単独では難しいばかりでなく、社会民主党に第一党を奪われる恐れがあった。そこで両党の統一を推し進めたのである。

この二つの地方選挙では、ソ連軍政本部によって社会主義統一党に対する梃入《てこい》れがなされ、キリスト教民主同盟、自由民主党への大掛かりな妨害工作が行われたとはいうものの、一九九〇年の人民議会選挙までの間に行われた唯一の自由選挙であった。

この選挙では社会主義統一党は、ソ連型の社会主義の導入を明確には主張していない。彼らはアンチ・ファシズム体制、つまりナチ関係者を追放した民主的な政治・経済体制の確立を訴えた。ソ連をモデルとした急速な体制変革への人びとの危惧を打ち消そうとしたのである。さらには、オーデル・ナイセ線を東部国境にしないとも公約していた。

州議会選挙で社会主義統一党は、ソ連占領地区全体の得票数では五〇％にわずかに届かず、キリスト教民主同盟と自由民主党がそれぞれ約二五％を分け合う結果となった。それにもまして、ソ連軍政本部と共産主義者に衝撃を与えたのはベルリンの選挙結果だった。有権者数約二三〇万の全占領地区の大ベルリン市を範囲として行われた選挙で、社会民主党が四八・七%と圧倒的な票を獲得し、社会主義統一党は、一九・八%しか支持をえることができなかった。

ソ連と社会主義統一党は期待した結果に届かなかったことから、以後、自由選挙の実施を放棄し、ソ連占領地区での議会制民主主義の可能性はなくなった。

なお、共産主義者には戦後のソ連占領地区で政治活動の主導権を握り、それを足掛かりに西側占領地区に浸透したいという思惑があった。彼らはソ連占領地区内で、ナチ政権への道を開いたヴァイマルの教訓を積極的に利用して、戦後の新しい政治制度を作り、自らの優位を確立しようとしたのである。

2　非ナチ化と社会の再建

崩壊社会

敗戦直後のソ連占領地区では、ナチスからの解放によって新しい時代が始まるという期待こそあっても、将来は見通せない状態にあった。ソ連占領地区では戦争のために約一五〜二〇%の生産設備が被害を受けた。しかし、全体として見れば壊滅的な被害を受けたわけではなく経済復興の可能性が残されていた。より大きな問題であったのは、経済でなく不安定な社会状況にあった。

敗戦から一九五〇年までに、かつての東部ドイツ領から約四三〇万にのぼる人びとが追放される。そのうち、ソ連占領地区は、四ヵ国占領地区のなかで最も多くの人びとを受け入れた。彼らの多くは農村に収容された。被追放難民は、占領地区の人口の約二五％を占め、人口が少ないメクレンブルク州に至っては、総人口に占める割合が半数近くにまで及ぶ。

ソ連に捕虜として抑留されていた兵士のドイツへの帰還も始まった。他方で、ナチ時代に強制労働のためドイツへ連行された人びと、外国人契約労働者などの民間人であるディスプレイスド・パーソンズ（DP）と呼ばれる人びとが、母国へ向かっていた。

なお、占領地区全土にわたるソ連軍の進駐は、兵士による略奪や婦女暴行といった犯罪行為を引き起こした。

敗戦直後、ソ連占領地区の食料生産高は一九三六年と比べて、穀物で五七％、ジャガイモでは約七〇％にとどまり、家畜の飼育状況は牛が三〇％（一九三五年との比較）、豚で六六％（一九三八年との比較）にまで落ち込んでいた。また堆肥《たいひ》が不足し、急速な農産物生産の回復は見込めなかった。食料は配給によって調整された。都市住民は闇市《やみいち》から高額で調達したり、田舎へと買い出しに行ったりして不足分を補った。

一九四六年から四七年にかけては厳冬となったうえ、夏も凶作であったことから、食料不足に陥った。ポツダム現代史研究所の所長を務めた現代史家クリストフ・クレスマンがいう「崩壊社会」のなかから、人びとは経済と社会の再建を開始する。

アンチ・ファシズム委員会

こうした苦境のなかでも、ドイツ人自身が各都市の行政を自発的に担おうとする動きがあった。それが強い政治的影響力を持ったのは一九四五年五月から六月までの短期間だったが、アンチ・ファシズム委員会と総称される組織が生まれたのである。共産主義者や社会民主党員がその中心にいたものの、ホワイトカラーや市民階層からの参加者も無視できない。なおこの動きはソ連占領地区だけでなく、西側占領地区の広範囲に及んだ。その数はのちのドレスデン県で六八、チューリンゲン州では八〇ヵ所にのぼったとされる。

アンチ・ファシズム委員会は崩壊していたそれぞれの町の行政を担い、官庁や学校、司法、さらには企業で、自発的に旧ナチ関係者の追放を推し進めた。同時にこの委員会は電気や水道の供給を始めたり、希少物資を配分したりして、人びとの生活を維持する手助けをした。

ドイツ人自らが率先して動いていたため、アンチ・ファシズム委員会は、第一次世界大戦終了時のレーテ（兵士と労働者による評議会）と同じく、人びとの直接の行動で政治を動かす可能性を持っていた。そのため、ソ連のみならず西側占領国にとっても厄介な存在であった。

また、彼らはソ連の指導に従わないばかりか、占領行政の忠実な担い手として活用しようとした共産党を脅かす潜在性があった。それゆえアンチ・ファシズム委員会は占領行政が確立するなかで、地方行政組織に合流したいくつかの例を除いて、ほとんどは解散させられた。しかし危機的状況にあって、人間が生き延びるために必要不可欠なものを供給した彼らの意義は大きい。

非ナチ化の進展

ポツダム協定で定められた非ナチ化は、ソ連占領地区では社会体制の変革を実行するための根拠とされた。敗戦直後には、公務員の半数以上が旧ナチ党員であり、彼らの職業追放は早くから進んだ。また、この措置は西側のそれと比べて徹底したものであった。

ドイツ占領の最高意思決定機関である連合国管理委員会が一九四六年一月に制定した指令二四号に基づいて、四七年初めまでに三〇万人以上の旧ナチ党員が職を解かれた。公務員のうち特に追放が徹底されたのは司法関係者であり、約八五%を占めた旧ナチ党員は、四六年一二月までには二・九%にまで減少する。その一方で、学校関係者の非ナチ化は比較的緩やかで、初等中等教育に携わる教師の約一一%が四六年一二月末の時点で旧ナチ党員の経歴を持っていた。

非ナチ化は職業追放にとどまらなかった。親衛隊隊員、秘密警察（ゲシュタポ）の人員、その他の指導者を含めて一万八三〇〇人が戦犯として裁判にかけられた。

また、一九四五年から五〇年までの五年間に、約一三万人がソ連の管理する特別収容所に拘留された。この施設はナチ時代のブーフェンバルトやザクセンハウゼンといった強制収容所の跡地を転用したものであった。

彼らは未決拘留期間中、家族や親類縁者との接触を禁じられた。このうち約三分の一が収容中に死亡したといわれる。その原因は、一九四七年までの収容所の劣悪な衛生環境による病気の蔓延《まんえん》や栄養失調にあった。五〇年に収容所が閉鎖された際に、数千人の収容者は東ドイツが主宰したザクセン州の小都市の名前を冠するヴァルトハイマー裁判で、証拠や弁護人なしに審理にかけられ、長期にわたる懲役刑を言い渡された。

追放の結果空席となった職には、占領行政に協力する共産党員が任命された。特別収容所に拘留された人びとのなかには戦犯や積極的なナチ党員ではない、ソ連の占領行政に異議を唱える人びとも含まれていた。

本来ならばソ連軍政本部は、有為な人材を求めることができたはずだが、政治的な理由によって占領行政に批判的な人びとを活用しなかった。それゆえソ連占領地区は人材難から逃れられず、旧ナチ関係者を再登用する必要がでてくる。旧ナチスで変わり身の早い者のほうが、命令に対して従順であり使い勝手がよかったのである。

社会構造の変革

ソ連と共産党にとっての非ナチ化は、ナチ関係者の処罰だけでは十分でなかった。ナチ支配を生み出した経済・社会体制の変革こそが重要であった。共産主義者は、ナチスを援助した大資本の経済基盤を消滅させて初めてアンチ・ファシズムが完成すると考えた。

農村ではユンカー（土地貴族）や大土地所有者の支配を終わらせるべく、土地改革を実行する必要があった。都市では、重工業や軍事産業、ナチ期に捕虜や強制労働によって利益を受けた企業の解体と公有化を行おうとする。なお、この非ナチ化の過程で多くの大土地所有者と企業経営者は西側へと逃亡する。

土地改革

敗戦直後の一九四五年六月、スターリンの指示に基づいて土地改革の実行が決定され、九月には共産党のピークが土地改革を宣言した。旧プロイセン領のザクセン・プロヴィンツを皮切りに、土地改革令が発布される。ソ連軍政本部が各州とプロヴィンツ政府に権限を付与して、実施にあたった。

戦犯やナチスの活動家の農地とともに、一〇〇ヘクタール以上の土地が接収され、新たに設置された村落の土地改革委員会が農地分割案を決定し、希望者を募って抽選により割り当てた。その対象は約三三〇万ヘクタールに及んだ。

土地の分配を受けたのは主に、小農民、農業労働者、小作農、農民の子弟、そしてこの地に来た被追放難民であった。さらには、だれでも応募が可能であったため、これまで農業に携わっていない労働者やホワイトカラーも割り当てを受けたとされる。分割後は農家一軒当たりの耕地面積は平均して約〇・六ヘクタールとなり、かつての大農場と比べてかなり小規模化した。

土地改革はソ連占領地区の経済に打撃を与えた。メクレンブルク州では、一九三〇年代から機械化が進んで生産力が高かった大農場の解体を招いた。また、家畜や農業機械、納屋といった農業に必要な道具までも分割した結果、農業経営そのものの基盤が崩れたのである。しかも新たに土地を与えられて農業に携わることになった新農民の経営は、最初から安定したわけではなかった。

これに農村に駐留していたソ連軍による家畜や農具の収奪、農場にある大屋敷の占拠や労働力の無償徴発が重なり、農業生産は深刻な打撃を受けた。土地改革はソ連占領地域の食料事情を逼迫《ひっぱく》させる要因となったのである。

現地の一次史料を用いて土地改革を綿密に分析した農業史家の足立芳宏は、この改革はソ連軍の暴力を背景にして短期間に徹底して行われたもので、旧来の農村の家父長的な社会関係を完全に破壊したとする。この出来事はソ連占領地区での小農化を招く〝社会主義的〟な農村空間革命であり、これまでのメンタリティーや社会構造の転換を促す出来事となった。

企業接収と経営評議会

都市の工場でのアンチ・ファシズムへの取り組みは、上からの指令に基づくものと、現地のドイツ人よる下からの自発的な動きの二つがあった。

前者の代表としては一九四五年一〇月末、ソ連軍政本部が出したナチ関係者や戦争で利益をえた人物の企業を接収する決定があげられる。この方針を受けて翌四六年六月三〇日、ザクセン州では〝ナチ活動家と戦争犯罪人の財産没収〟を承認するかどうかの住民投票を実施している。投票率は九三・七一％、そのうち賛成が七七・六％、反対は一六・五六％、無効票は五・八％であった。

住民の大多数が接収を承認したと解釈され、ソ連占領地区の他の州も八月半ばまでには、収用を認める法律を制定した。財産没収の結果、州有化の対象とされた企業は一九四八年までに、占領地区全体の四〇％近くにまでのぼった。

後者の自発的動きは、個々の企業で生まれた。企業経営者が西側に逃亡するか、ナチ関係者として従業員からの信頼をえられない場合、企業運営が止まる恐れがあった。そのため、各企業の労働者は経営を担う経営委員会ないしは経営評議会を自発的に組織し、経営者抜きでも彼らの責任で生産活動を再開できるようにしたのである。

社会主義統一党と労働組合は、この経営評議会が非ナチ化の目標から逸脱しないように注意しつつ、共同決定範囲の拡大要求には理解を示した。また、企業の公有化や企業所有者の追放を行おうとした際には、それを後押しする。一九四七年までは、こうした形で企業現場での労働者の自主管理が認められていた。

経営評議会による現場の労働者の自主的な活動は、ソ連型の計画経済体制の確立とは異なる動きであった。この時期は、まだソ連と社会主義統一党は社会の全面的な「ソ連化」を企図していたわけではなかった。

しかし、農地改革による小農の確立や大企業の公有化と自主運営という非ナチ化が目指した戦後の新しい可能性は、ソ連軍の駐留と賠償の支払い、そして何よりも冷戦の激化によって後退を余儀なくさせられる。

3 賠償問題と冷戦の激化

賠償金の負担額

ポツダム協定によれば、ソ連はナチスによる被害の賠償を、自身の占領地区から取り立てる必要があった。しかし、ドイツ側の中央政府が存在しない以上、明確な賠償金の支払いは不可能だった。

また戦勝国全体での取り決めがないなかで、どのくらいの賠償額を設定するのかについても不明確であった。東ドイツがソ連に支払った賠償額の大きさについては、これまでさまざまな研究がなされてきた。ここでは、広範囲にわたった賠償額を調査したライナー・カールシュや、その賠償が東ドイツの企業経営に与えた影響を分析した経営史家の白川欽哉の研究を参考にしたい。それらによれば、ソ連占領地区とその後の東ドイツがソ連に支払った賠償において重要なものは以下のものだった。第一に、ソ連軍駐留経費の負担、第二に工場その他施設からの機械の解体（デモンタージュ）とソ連への輸送、そして、第三にはソ連が接収し株主となった企業であるソ連株式会社（ＳＡＧ）への生産物や利益の納入である。これ以外にもウランの納入や、戦後初期のソ連軍兵士による略奪や徴発も賠償とみなしうるかもしれない。

　なお、賠償の取り立てが完全に終了とされたのは独立後一九五三年であった。東ドイツで大規模な住民の蜂起《ほうき》が生じ、ソ連は東ドイツを支援せねばならなくなる。ここまでの賠償を金額に換算すると、約五四〇億ライヒスマルクになるとされる。戦争被害によって失われたソ連の生産設備の総額が一二〇億七〇〇〇ライヒスマルクと推定されることから、西ドイツに比べて四分の一の人口の東ドイツが背負った賠償がいかに巨額だったかがわかる。

　敗戦直後には、駐留ソ連軍の総数は約一五〇万人にのぼり、一九四六年の駐留経費負担は、ソ連占領地区全体の生産額のほぼ五〇％に及んだ。この経費負担は東ドイツの独立後も続いた。

デモンタージュからソ連株式会社へ

　とりわけ都市の経済生産力に深刻な影響を及ぼしたのは、原材料や製品の徴収にくわえて、デモンタージュであった。

　ソ連は当初、懲罰的な賠償取り立て政策を実施した。解体請負人が派遣され、一四九の機械・機器製造工場、五一の冶金《やきん》工場、四六の精密・光学機器工場、四四の電機工場がすぐに解体されて移送されたといわれる。

解体された生産財は一九四八年までに、六一億ライヒスマルクに及んだ。特に、鉄鋼業の解体はポツダム協定に決められた軍需産業の廃棄に沿うものとして徹底的に行われた。もともとこの地域の重工業は石炭、コークス、鉄鉱石などの原材料をポーランドが戦後管理するシュレジエンや西側のルール地方からの輸送によって賄われていた。

ドイツ全体の経済ネットワークが分断され、ルール地方からソ連占領地区へと搬入される原材料は減少していた。原材料不足で生産継続が困難なところに、デモンタージュが追い打ちをかけたのである。その影響は生活用品を製造する工場にまで及び、ソ連占領地区の経済は危機的な状況に陥っていく。そのためソ連は賠償政策の転換を図らねばならなくなった。

デモンタージュはソ連に生産設備を持ち出して、復興に役立たせることに目的があった。しかし、これはほとんど成功しなかったといわれる。接収した設備を運び出す鉄道車両、約一万二〇〇〇キロの線路もその対象とされ、輸送できない設備は多数にのぼった。線路は一九三八年と比べて、四八％にまで減少していた。さらに、たとえソ連本国に輸送できたとしても設計図がなかったことや、ドイツとソ連との仕様の違いが原因で大半の機械は据え付けることができなかったとされる。

ソ連の徹底的ともいえる賠償取り立て政策は、一九四六年六月、ソ連軍政本部命令一六七号の公布で変化の兆しが現れる。以後は、機械や素材工業に代表される重要企業をソ連株式会社に編入して、生産を行うことになった。各企業の利益を賠償として支払い、その総額は五三年までに三五億マルクに及んだ。

ソ連株式会社の年間の生産高に占める賠償の割合は、一九四七年の四七％から五二年の七八％にまで及んだ。さらには、東ドイツは五三年に賠償支払いが終了するときに、このソ連株式会社を買い戻さなければならなかった。

冷戦の激化

ソ連が賠償政策を変更したのは、政策そのものが限界であったというだけではない。国際情勢の変化によって、占領地区の政治と経済の安定を図る必要が出てきたからだった。東西冷戦の激化がソ連の占領政策に影響を及ぼしたのである。

第二次世界大戦中から、連合国内の協力関係にはひびが入っていた。戦後、アメリカはソ連に対する支援を減少させ、ソ連とそれ以外の戦勝国との間の溝は深まっていた。

その一方でソ連は、自らが解放した東欧諸国に親ソ的な政権を樹立していく。また一九四六年三月、スターリンはソ連共産党機関紙『プラウダ』とのインタビューに答えて、ソ連が従来の経験から将来の安全性を確実にしたいと考え、「隣国にソ連に忠実な政権を打ち立てようとすること」は驚くことではないと発言する（J. W. Stalin, Interview mit der Prawda, in: *Tägliche Rundschau*, Nr. 41 vom 14. 3. 1946）。

西側は一九四六年五月初旬、ポツダム協定に基づき西側占領地区からソ連に供与されることになっていた生産設備の引き渡しを拒否した。ソ連はこの段階でもドイツに対する懲罰を重視する立場をとっており、西側の決定は受け入れがたかった。

米英がドイツを戦前同様に、自らに対する〝防疫線〟として利用しようとするのではないかとスターリンは危惧した。これに対して西側は、ソ連は社会主義へのシンパシーを利用して、共産主義政治勢力の浸透を図るのではないかと懸念していた。ナチスという共通の敵が消滅したことで、両者の相互不信は次第に高まっていく。

一九四七年一月一日、米英の両国は占領行政の管理を合同で行う二つの占領地区の統合を実施する。その後、西側占領地区とソ連占領地区の行政管理体制の違いは次第に大きくなっていった。

米英はソ連の影響力の浸透を防ぐには、各々の占領地区の経済復興が必要であると考えた。その後のトルーマン・ドクトリン、マーシャル・プランの発表は、米ソの関係を決定的に悪化させた。マーシャル・プランは、ヨーロッパ全体での復興を担う組織を設置することでソ連の力を削《そ》ごうとするものであった。ソ連は一気に態度を硬化させたのである。

ミュンヘン州首相会議の失敗

ソ連軍政本部は一九四七年六月四日、命令一三八号を出してドイツ中央管理局を再編し、ドイツ経済委員会（ＤＷＫ）を創設する。この組織はその下に経済部門ごとの担当部局を置き、占領地区全体の経済計画を策定して実行する役割を担うとされた。

ただ、ドイツ人の政治指導者のなかには、冷戦の激化が両ドイツの分裂を引き起こすと憂慮する者たちがいた。ドイツ経済委員会の設置が決定された二日後の一九四七年六月六日、バイエルン州首相ハンス・エーハルトは東西占領地区の行政上の協力関係を模索するために、全ドイツの州首相をミュンヘンに招聘《しょうへい》する。ドイツの全占領地区から計一六人の首相が参加した。この呼びかけはソ連占領地区の人びとに肯定的に受け止められた。

ソ連占領地区の五人の州首相はこの会議に参加し、西側の州首相に、ドイツ全体の行政機関の創設についての話し合いを求めた。これに対して、西側の州首相は切迫していた食料や経済、さらには被追放難民への対応をこの会議の議題としようとする。双方の思惑は食い違い、会議は決裂したままソ連占領地区の州首相はミュンヘンを後にした。

ドイツ人自身による分断を避ける試みが失敗したことで、行政機構の分裂が進んでいく。さらに一九四七年の年末、ロンドンで開催された米・ソ・英・仏外相会議が失敗に終わり、戦勝国間の亀裂は明らかになった。ソ連は翌四八年三月二〇日に、ドイツ占領の最高意思決定機関である連合国管理委員会から引き揚げたのである。

西側通貨改革とベルリン封鎖

西側占領地区で実施された通貨改革は、ドイツの将来を決することになった。一九四八年六月二〇日、米・英・仏は占領地区内でこれまで東側を含む占領地区全体の決済に有効であったライヒスマルクを廃止して、ドイツマルクを唯一の法定通貨として新たに導入した。しかも、西ベルリンでもこの通貨の流通が認められる。米・英・仏の占領当局が貨幣の信用を裏付けたため、西側占領地区では退蔵されていた物資が一夜にして店頭に並んだ。

西ベルリンを通じてソ連占領地区内に西側マルクが流入すれば、金融経済の状況は不安定になる。ソ連は自らの占領地区で通貨改革を行うだけでなく、対抗措置をとる必要があった。

一九四八年六月二四日、ソ連軍が出動して西側占領地区と西ベルリンとを結ぶ陸の通行路を遮断した。このベルリン封鎖は四九年五月一二日まで約一年間続くことになる。西側占領国は対抗して西ベルリンに物資を空輸する。その間、ソ連占領地区の企業は西側との間の資源取引の可能性をほぼ失った。この事態は東側の生産活動に深刻な影響を及ぼし、ドイツ分断は経済的な側面でも決定的となる。

ベルリン封鎖は実際の戦争にまで至らなかった。それは直接対決が、アメリカによる核兵器使用につながるという軍事的な理由からのみ説明できるわけではない。ソ連は自国の経済復興を優先せねばならなかった。また、東欧諸国の社会主義体制の確立にも取り組まねばならなかったのである。

ソ連は、ドイツでの占領体制のあり方を見直す必要に迫られた。ソ連占領地区を賠償獲得のためだけではなく、西側に対抗できる持続可能な状態にする必要があった。そのなかで、ドイツ人の主体性が占領政策に影響を及ぼす可能性が生まれてくる。

4 「ソ連化」する政治・社会体制

新しい型《タイプ》の党――社会主義統一党の共産党化

ベルリン封鎖を機に、ソ連は自らの負担を軽減するため、ドイツ経済委員会にソ連占領地区の行政を担わせた。東西ドイツの分断が深刻になったことで、政治権力のあり方についても根本的な変更の可能性が出てきた。

ソ連占領地区では、限定的とはいえそれぞれの政治組織の自立性が認められていたが、この後、ソ連をモデルにした共産党が統制する政治体制と計画経済の確立を目指す「ソ連化」が加速する。

ドイツ側で占領体制を支えてきた社会主義統一党、特に副党首のウルブリヒトをはじめとした旧共産党出身者は、権力掌握を目指し、占領地区の社会主義体制への移行を望んでいた。

ソ連軍政本部の人員は、一九四八年には一万五〇〇〇人へと減少していた。その宣伝局長であったテュルパーノフがベルリン封鎖開始直前の四八年五月、社会主義統一党の組織のあり方の見直しを求めた。党はソ連型の中央集権的かつカードルと呼ばれる幹部が率いる上意下達の組織に改編される。この措置は〝新しい型《タイプ》の党〟への移行と呼ばれた。

一九四八年一一月、ウルブリヒトをはじめとする社会主義統一党の指導者はモスクワを訪問した。彼らはスターリンと会見して、ソ連軍政本部の指示に基づく党内の統制強化について直接報告する。スターリンは社会主義統一党のこの党内状況について了承した。

彼はソ連占領地区全体の政治に関わる点については、「社会主義への道を目指すに際しては、〔…〕ジグザグコースをとるように」(Rolf Badstübner/Wilfried Loth (Hrsg.), *Wilhelm Pieck. Aufzeichnungen*, S. 261) と述べたという。

スターリンの指示はあいまいであった。そこで社会主義統一党は、ソ連が掲げる統一ドイツへの運動を維持しつつ、自らの権力基盤を確実にするという矛盾する目的を両立させる必要があった。

社会民主党と共産党出身者が均等に党務に当たるそれまでの原則は、一九四九年一月党幹部会議で廃止される。このとき、事実上の最高意思決定機関で、政治問題の決定を行う政治局が作られた。また日常的な党業務を扱う政治局内小書記局(後の書記局)も設置され、ウルブリヒトがこの組織を率いることになる。

第一回全党協議会と人民会議運動

そして、社会主義統一党は重要問題を決定するために党大会と同じ意義を持つ第一回全党協議会を開催した。その会議は統一ドイツを訴えつつも、党内の引締めを決定し、社会主義統一党指導部はこれ以降、自由な議論と党指導部の方針への批判を、社会民主主義的傾向であり分派行動であるとして徹底的に排除していく。

三月には、党の指導組織内で旧社会民主党員が占める割合は一〇%まで落ち込んだ。党内で旧共産党の路線に従わなかった代表的な指導者であるエーリヒ・ゲニフケは、解任されたのち西側へ亡命した。

その一方、共同党首のグローテヴォールは「同志スターリンは、世界の偉大な社会主義者である。同志スターリンは世界の父である」と賛美して党内での生き残りを図った。旧共産党側から見れば、最高指導部の一人に社会民主党出身者がいれば、統一した労働者政党であるとのアリバイを主張できる。

ただソ連指導部は冷戦が激化するなかで、東ドイツを独立させるにあたり、自陣営に取り込むか否かについては明確な方針を持っていなかった。そのため一九四七年九月、東欧諸国の共産主義政党を統制する目的で作られたコミンフォルムに社会主義統一党は正式には参加していない。

社会主義統一党は党内のみならず、他の政治・社会勢力の統制を強化しようとした。同時に、西側占領地区でドイツ分断への志向が強まっているとの理由を挙げて、東西の幅広い政党、社会団体にドイツ統一を呼びかけた。この統一の呼びかけのために作られた組織「統一と公正な平和のための人民会議運動」は、キリスト教民主同盟と自由民主党の二つの政党の自立性を奪うために利用された。

社会主義統一党は、占領地区の人びとの不満が自らに向き、両党が勢力を増すことを危惧していた。キリスト教民主同盟では、党員からの支持が厚い党首のヤコブ・カイザーと副党首のエルンスト・レンマーが一九四七年一二月、ドイツ統一を重視し、それに及び腰な社会主義統一党を批判したため、ソ連軍政本部の指令で解任された。

また、一九四八年四月から五月にかけて、農民を政治的に組織するドイツ民主農民党（DBD）と、旧ナチ関係者の政治参加を認めるべく作られたドイツ国民民主党（NDPD）が、社会主義統一党から幹部が派遣される形で新たに設立された。キリスト教民主同盟と自由民主党の立場はさらに弱体化する。ソ連占領地区では、複数政党制が認められながらも、社会主義統一党以外の政党はその衛星政党になったのである。

社会組織の大衆団体化

社会主義統一党はこのときまでに、労組と青年組織を統制下に置いた。東ドイツの社会団体は〝大衆団体〟と呼ばれて、組織の自立性を喪失し、社会主義統一党の指導を受ける。主な大衆団体には労組と青年団体の他に、土地改革を円滑に行うために創設された農民互助協会（VdgB）、民主女性同盟（DFD）や知識人を組織する文化同盟（KB）などがあった。

また、生活協同組合に近い役割を担った消費連盟（Konsumgenossenschaft）や高齢者福祉を担うことになる人民連帯（Volkssolidarität）といった日常的な団体、さらにはドイツ体育スポーツ同盟（ＤＴＳＢ）、小菜園連盟（ＶＫＳＫ）のような余暇生活に関わる組織までも、社会主義統一党の統制下にあった。

これら大衆団体は、各社会領域における唯一の公認社会団体として、その領域を独占的に掌握していく。社会主義統一党の統制下にない社会団体の設立は認められなかった。これらは社会主義統一党の政治的な意思を社会に伝える〝伝動ベルト〟となった。東ドイツ史研究の嚆矢《こうし》であるヘルマン・ヴェーバーは、一連の政党から社会団体に至る政治的な統制強化を「スターリン化」と呼んで政治的な抑圧体制が完成したと論じる。

計画経済のはじまり

経済の「ソ連化」は、占領地区の経済状態の悪化を背景にしていた。一九四七年一月、米英合同占領地区とソ連占領地区での通商関係を認めるミンデン協定が締結されたため、一度は西側から資源が供給される可能性が生まれた。しかし結局は冷戦が激化して、西側占領地区との原材料取引が不可能になった。

その一九四七年には、ソ連占領地区では一三〇〇万から一四〇〇万トンの石炭を必要としていたが、自己生産で一五万トン、西側から一五〇万トン、オーバー・シュレジエンからは四三万トンと必要量の一五から一六％しか確保できなかった。これらの事態を克服するために統制が必要となる。

ソ連軍政本部は一九四八年二月、事実上の中央政府であるドイツ経済委員会に、ソ連占領地区全体の法令を制定、公布する権限を与えた。社会主義統一党出身者が、ドイツ経済委員会の主要部局を掌握する。

四月にはデモンタージュの終了が宣言され、くわえてソ連株式会社の有償での返還が進められる見込みとなる。その際これまで州有企業となっていた企業も併せて人民所有企業（VEB）とし、それぞれ中央か州、地方行政の公共団体いずれかの管理下に置かれた。このうち、重要分野に属する企業は人民所有企業連合（VVB）の形をとって、同一の業種の企業を一つの経営単位としてまとめて管理される。こうして、全国規模で計画経済を実行する受け皿が誕生した。

一九四九年から五〇年にかけて、ドイツ経済委員会はソ連占領地区全体で初めて二ヵ年計画経済を実施する。これは、東ドイツ独立後の計画経済体制の先駆けとなるものであり、ソ連への賠償支払いと産業復興を目指して、鉄鋼、燃料・エネルギー、一部機械部門に開発の重点を置いた。計画の実施は、ソ連占領地区を一つの単位とする自立的な経済構造への転換を促した。計画目標は、従来からさらに三分の一製品生産高を増加させると定められた。これは戦前水準で八〇％の回復を意味した。

ヘンネッケ運動

社会主義統一党は、労働生産性を三〇%上昇させるために労務管理方法の見直しを推し進めた。彼らはソ連占領地区の企業で一般的となっていた労働者に対する平等な処遇を修正する。

一九四七年一〇月、ソ連軍政本部命令二三四号で時間給は転換され、〝能率給〟と呼ばれる、ノルマ達成に応じて給料が支給される出来高払い制を導入した。この命令は同時に重要産業部門を中心として、企業内食堂における食事の改善や企業内購買所における消費物資の優先的提供を謳《うた》っていた。企業ごとでの福利厚生を充実させることにより、労働生産性の向上を目指したのである。

また、生産性向上への姿勢を社会に訴えかけ、労働規律の弛緩《しかん》を防ぐために〝模範労働者運動〟が導入される。一人の労働者に作業時間内にノルマを超過達成させて、そのことを広く宣伝して他の労働者の生産への意欲を高めようとした。その代表的な人物として有名なのが、鉱山労働者アドルフ・ヘンネッケである。彼は一九四八年一〇月一三日、一日だけでノルマの三八七%を達成した。この成果はどんなに努力しようとも達成不可能なものであり、事前に仕立てられたものである。そして、翌日の新聞ではヘンネッケは労働英雄としてトップ記事で報道された。

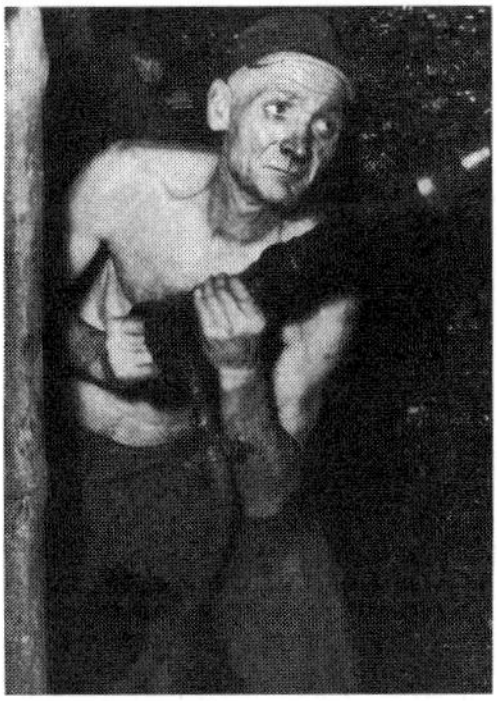

ヘンネッケ

こうした模範労働者運動への取り組みは人びとには冷

ややかに受け止められた。ただ、一九五〇年ごろまでは女性や若年労働者の動員には一定の成果を出したといわれる。

模範労働者運動は、ソ連では〝スタハーノフ運動〟として知られており、この労務管理方法は、計画経済を実施する手段としてすでにおなじみのものであった。

能率給の導入そのものは、戦前の制度や一九五〇年代までの西ドイツのものとそれほど異なるものではない。しかし、ソ連占領地区でノルマは高い水準に設定された。またこの手法は、旧来のドイツ労働運動の主張や戦後のソ連占領地区での企業経営にはなじまない管理方法でもあり、熟練工を中心に反発の声は大きかった。

経営評議会の解体

ドイツのナチ期以前の賃金設定は、労使での団体交渉によるところが大きかった。計画経済導入は、これまで自主的に企業運営に携わり労働条件の決定権を握っていた労働者中心の経営評議会の経営管理を、中央統制型に変えた。社会主義統一党は各企業に労組の企業労働組合管理指導部（BGL）を設立し、経営評議会に代わる組織にしようと試みる。

一九四七年四月、ソ連占領地区で唯一の労働組合センターである自由ドイツ労働組合総同盟は、第二回全国大会で勤労者全体の利益代表であると宣言し、労働者の社会環境の改善を訴える。他方で労働運動にとって最も強力な武器であるストライキについては資本主義的企業に向けられるものとされた。労働組合指導部や社会主義統一党は、人民所有企業に見られる公営企業では、資本家ではなく労働者が主人となっているので、ストライキの必要はないと説明した。これで労組公認のストライキはなくなる。

自由ドイツ労働組合総同盟は一九四八年一一月、企業労働組合管理指導部が賃金交渉も含めて、現場における労働者の代表になると決定した。その直後、事実上の政府であるドイツ経済委員会と自由ドイツ労働組合総同盟は、組合員が労働者の八〇%以上を占める企業では労組と経営評議会とを統合するという合意に達した。大企業や中規模の企業での労組組織率はこの基準をすでに上回っていたため、経営評議会は解体され、社会主義統一党の指導を受ける労組が労働側の代表となった。

二ヵ年計画経済での重工業の優先により、人びとの生活の改善は後回しにされた。西側では通貨改革によって貨幣への信頼性が回復し、市中に多くの消費財が出回るようになっていた。しかし、ソ連占領地区では生活に関わる物資の供給には改善はほとんど見られず、闇市は盛況のままだった。

最大の問題は食料供給不足にあった。大規模農家は西側へ逃亡し、土地改革で土地をえた新農民も多くが耕作を諦《あきら》めたため、生産量はすぐには回復しなかった。食料の配給制は、一九四九年五月にジャガイモ、一二月になってパンが廃止されるにとどまった。暖房燃料や洗剤の価格は統制され、衣料品や靴の値段は闇市で法外な値段で取引されていた。住宅不足も深刻な問題だった。

一九四五年から四九年の占領時代は、体制の側も人びとも政治的主張の間合いを測りかねていた。それだからこそ、職場単位での自発的な山猫ストライキはなくなることはなかった。「ソ連化」に対する人びとの抵抗に、体制は理想を掲げて抑圧するという状況が続いていたのである。

第2章　冷戦と過去の重荷を背負って——建国 1949-1961

1　東ドイツの誕生

分断国家

米・ソ・英・仏はそれぞれ、ベルリン封鎖に至って戦後秩序構想の見直しを迫られた。強大なドイツの復活阻止を目指す共通目的は消滅し、ナチ体制を倒した〝民主主義陣営〟内部は、お互いが相手の非民主性を非難しあう深刻な対立状況になる。

そのため東西の占領地区は別の道を歩むことになった。ただ、ソ連は戦勝国がドイツ人に約束していた一つの国家体制をあからさまには否定しなかった。ソ連はむしろドイツ統一を阻んでいるのは、米・英・仏であると主張した。

ベルリン封鎖終了直後の一九四九年五月二三日、西側の米・英・仏合同占領地区では、各州

東ドイツ建国宣言　宣言を読み上げるピーク

の議会から選出された代表者からなる制憲議会の議会評議会が、事実上の憲法となる西ドイツ・ボン基本法を公布する。基本法という名前は、ドイツ統一の際の憲法制定を予定しており、あくまで暫定的なものとの位置づけを示している。こうして、ドイツ連邦共和国すなわち西ドイツが建国された。八月には競争的な自由選挙で連邦議会選挙が実施された。

この動きに対して、ソ連占領地区の各党の代議員と英・米・仏合同占領地区の代表者からなり、ドイツ統一運動を担ってきたドイツ人民会議は、一九四九年五月末、東ドイツ憲法を制定するためドイツ人民評議会を選出した。

社会主義統一党の首脳、事実上の書記長となっていたヴァルター・ウルブリヒト、共同党首のヴィルヘルム・ピーク、オットー・グローテヴォールらは九月中旬モスクワを訪問し、ソ連共産党指導部に東側の国家樹立を認めるように働きかけた。スターリンは一週間後、九月二七日にこれを承認する。

そして一〇月七日、ドイツ民主共和国憲法の制定を宣言し、東ドイツが建国された。一〇日には、ソ連軍政本部はその権限を東ドイツ政府に委譲する。スターリンは、東ドイツ創設の祝意を表す電報を人びとに向けて送った。

平和を愛好するドイツ民主共和国の設立はヨーロッパ史の転換点である。〔…〕この国が統一した、民主主義の平和愛好的ドイツのための礎となるとき、ヨーロッパ全体にとって偉大な成果をもたらすことになる。（*Neues Deutschland*, 15. 10. 1949, S. 1）

こうしてドイツには二つの分断国家が誕生した。このとき作られた東ドイツ憲法は、ヴァイマル憲法とそれほど異なるものではなかった。統治機構の条文は表面的には権力分立を定めており、人権保障についても規定があった。しかし、その人権を規定した第六条二項は、民主的な制度や組織に対するボイコットの煽動《せんどう》を、刑法で定める犯罪行為としていた。この規定は、その後の政府や社会主義統一党内外で生じる反対行動を抑え込むための根拠として利用される。

統治構造

大統領制が憲法で採用されて、東ドイツ初代大統領にはピークが選出される。東ドイツ政府の内閣組織は閣僚評議会という名称が付けられた。その議長、すなわち行政府の責任者である首相には、グローテヴォールが指名された。ウルブリヒトは三人いる副首相の一人となった。閣僚評議会の下に設置された経済系の各省庁は、占領期のドイツ経済委員会から衣替えしたものだった。警察権力を握る内務省には、のちに軍隊となる兵営人民警察が配置された。一九五〇年二月には、この内務省から独立する形で諜報活動を担う国家保安省（MfS、通称シュタージ）が設立される。この省の特徴は閣僚評議会ではなく、国の組織ではない社会主義統一党の政治局に直属する組織であった点にある。それゆえシュタージは〝党の剣であり盾である〟と称された。

憲法を制定した人民会議は、一九五〇年一〇月一五日に議会選挙を経て正式に人民議会となり、この国の立法を担うこととなる。その選挙は一八歳以上の有権者が、あらかじめ候補者がすべて載った統一リストについて、賛成するか反対するかを問う信任投票の形で実施された。この統一リストの主体となったのが、ドイツ人民会議を改組した国民戦線である。人民議会の候補者は総計四〇〇名（東ベルリンから選出される六六名を除く）のうち、社会主義統一党には一〇〇議席（二五%）、キリスト教民主同盟と自由民主党には各六〇議席（計三〇%）が割り当てられた。

また、国民民主党と民主農民党は、それぞれ三〇議席を確保する。両党は社会主義統一党の純然たる衛星政党である。その他に、自由ドイツ労働組合同盟や民主女性同盟といった大衆団体は計一二〇議席（三〇%）を確保した。これらの組織から選出される議員は、社会主義統一党の党員であった。以上のことから、自前の会派出身の議員は過半数に及ばないものの、社会主義統一党は事実上、議会の過半数を制し決定権を握った。

社会主義統一党はこのとき、人民議会に提出される法律案や政府の政令等の規則案は党の政治局か書記局に事前に伝えられねばならないと決定する。東ドイツ政府は社会主義統一党の指導部が承認するもの以外に法律を作れなくなる。そして、党中央委員会に設けられた各政策部局が、省庁の指導に責任を持つ体制となった。

なお、東ドイツも西ドイツ同様、国家として独立しながらも、主権をすべて回復したわけではない。東ドイツでは建国後、ソ連軍政本部に代わってソ連管理委員会（ＳＫＫ）が設置される。この委員会は、東ドイツ政府を監視し、決定に対して承認を与えるかどうかについてポツダム協定で定められたソ連の権利を行使した。

東ドイツ憲法がベルリンは東ドイツの首都であると規定していても、ソ連がベルリンに持つ権利も残った。

民主集中制とエリート選抜の仕組み

一九五〇年七月、社会主義統一党は第三回党大会を開催する。ウルブリヒトを党の最高指導者である書記長に選出し、ソ連共産党と同じ党内部の統制メカニズムを確立した。

党中央の指令には、下部の党機関は必ず従う「民主集中制」と呼ばれる原則を決定した。党の最高意思決定機関は党大会であるが毎年開かれるわけではないため、その間の活動を担う組織として中央委員会が設置された。日々の政策決定は政治決定を下す政治局を頂点として、党

社会主義統一党組織図

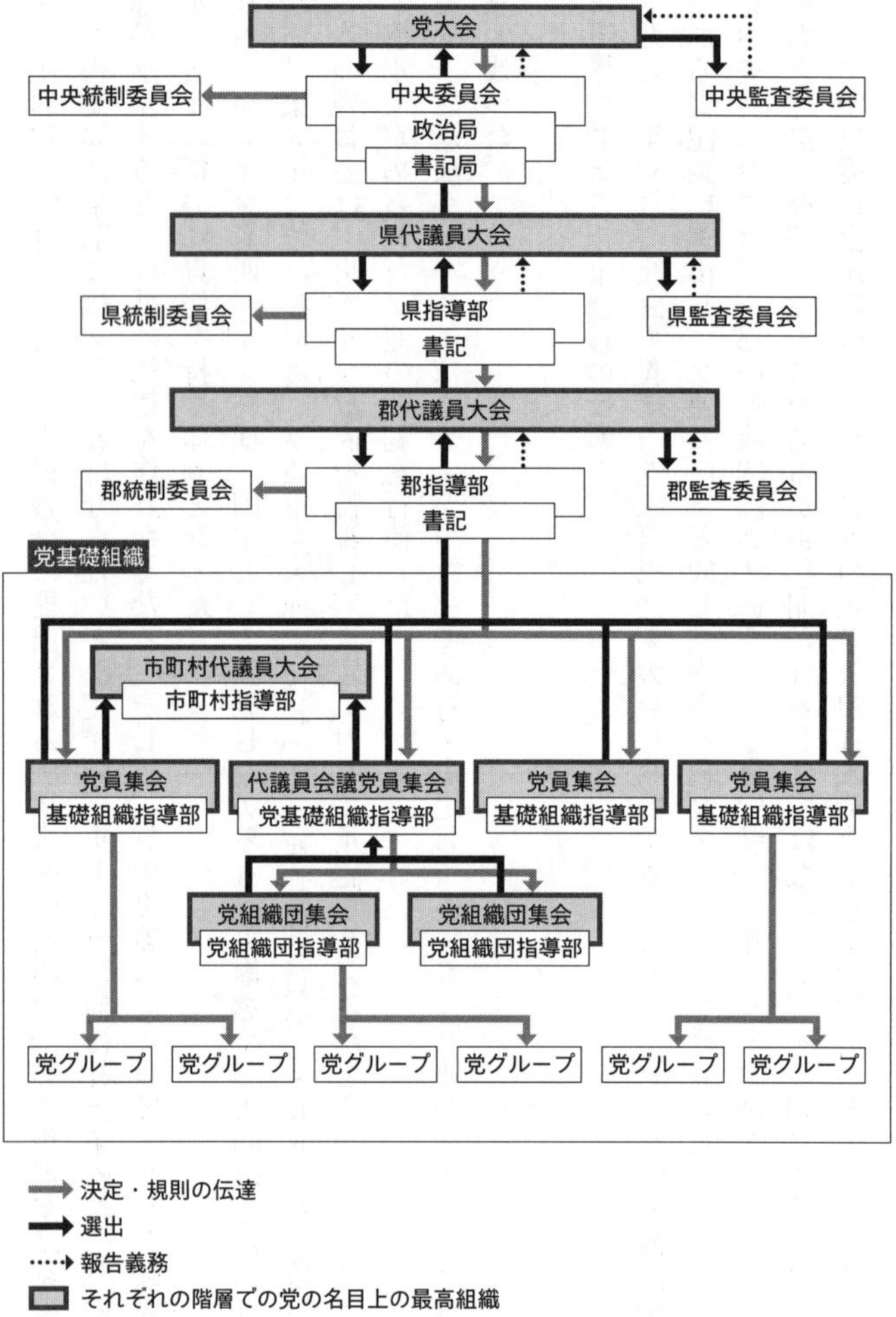
党大会
中央統制委員会
中央委員会
政治局
書記局
中央監査委員会
県代議員大会
県統制委員会
県指導部
書記
県監査委員会
郡代議員大会
郡統制委員会
郡指導部
書記
郡監査委員会
党基礎組織
市町村代議員大会
市町村指導部
党員集会
基礎組織指導部
代議員会議党員集会
党基礎組織指導部
党員集会
基礎組織指導部
党員集会
基礎組織指導部
党組織団集会
党組織団指導部
党組織団集会
党組織団指導部
党グループ
党グループ
党グループ
党グループ
党グループ
党グループ
決定・規則の伝達
選出
報告義務
それぞれの階層での党の名目上の最高組織

の通常業務を取りまとめる書記局と各政策部局が行った。中央の指示や指令は地方組織を通じて、最終的には末端の企業や地域の党組織で活動する党員へと降りていく。

少数意見は多数意見に従うこととされ、党内でグループを結成して正式な党内決定とは異なる目標を追求する「分派活動」を禁止した。党の幹部人事政策も党学校での教育と上部組織の選抜によって機能するようになる。

この仕組みは、彼らが奉じるイデオロギーによって正当化されていた。社会主義統一党は労働者の前衛であり、それゆえ〝党は常に正しい〟という認識、いわゆる党の無謬《むびゅう》性が党内秩序を維持する根拠となった。

党官僚の昇進は一九五一年一月から徐々にソ連と同じく、「カードル・ノーメンクラトゥーラ」システムと呼ばれる人事選抜方法で決定されるようになる。カードル（幹部人事）局と呼ばれる部局が党の人事のみならず、国家組織の部局長人事にも責任を負った。幹部の選考基準には、本人が党の路線に忠実かどうかという政治的な信頼性や社会的出自も考慮された。その後、この人事システムはおよそ一九六〇年代までには東ドイツ全土に浸透していく。

国家機構の中央集権化

社会主義統一党の変化に併せて、国家機構の中央集権化も進んだ。憲法では州の存在を規定しており、東ドイツは連邦制の国家であった。しかし、一九五二年七月、これは廃止され、それまでの五つの州とプロヴィンツは一四の県（東ベルリンを除く）に解体された。

この県の下に郡が置かれ、基礎行政の単位として市と村をいくつか集めた基礎行政体といえるゲマインデがあった。また県都のように郡から独立した市もあった。それぞれの行政単位に即して、社会主義統一党、他の党と大衆団体の地方組織も作られた。人民議会同様、地方議会もそれぞれの政府である評議会を選出する権限を持っていた。これらの議会も、統一リスト方式で議員が選出される。

東ドイツの政治制度は、政府と党の二つのラインで階層化した。表面的には立法府が行政府を選ぶというドイツの伝統的な政治体制を採りながらも、実態は社会主義統一党が指導する厳格な中央集権体制が作られたのである。

各行政階層が持つ裁量

社会主義統一党の内部統制が高まり、政府に対する指導権が確立されたものの、実際の行政運営では社会主義統一党の政治局や書記局の決定がそのまま実行されたわけではない。部局レベルで決定される案件については、書記局や政治局員の指示がないものも存在した。

一回の書記局会議で提出される案件は膨大な数に及んだ。しかもその会議では重要な政策提案と並んで、休暇願の承認といったような些末《さまつ》なものも議論された。そのため、すべての問題を書記長を中心とした党の最高幹部が掌握していたわけでもない。ここに、幹部や各省庁や部

東ドイツ国家機構組織図

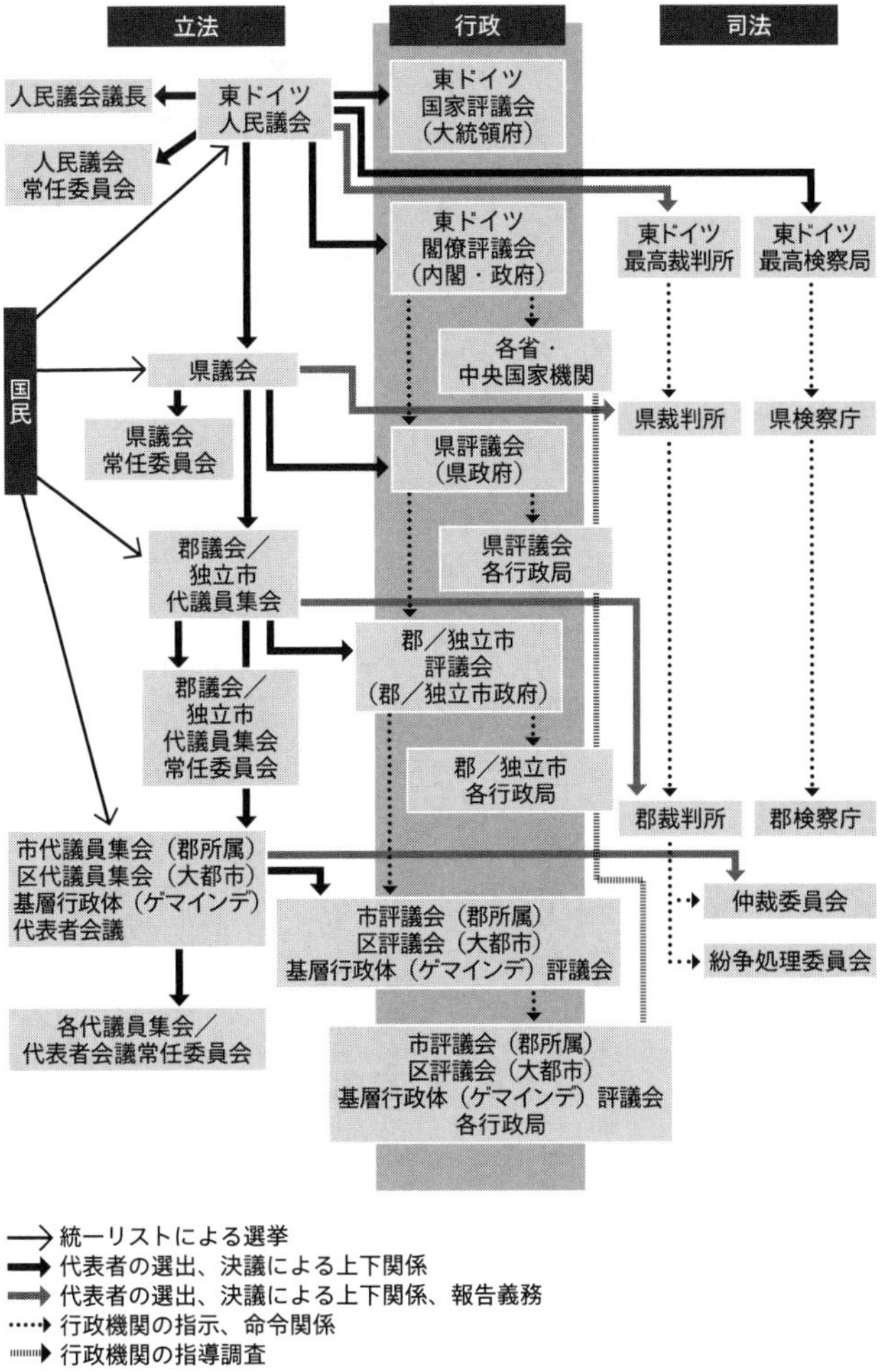
立法
行政
司法
人民議会議長
東ドイツ人民議会
人民議会常任委員会
東ドイツ国家評議会（大統領府）
東ドイツ閣僚評議会（内閣・政府）
各省・中央国家機関
東ドイツ最高裁判所
東ドイツ最高検察局
国民
県議会
県議会常任委員会
県評議会（県政府）
県評議会各行政局
県裁判所
県検察庁
郡議会／独立市代議員集会
郡議会／独立市代議員集会常任委員会
郡／独立市評議会（郡／独立市政府）
郡／独立市各行政局
郡裁判所
郡検察庁
市代議員集会（郡所属）
区代議員集会（大都市）
基層行政体（ゲマインデ）代表者会議
仲裁委員会
紛争処理委員会
市評議会（郡所属）
区評議会（大都市）
基層行政体（ゲマインデ）評議会
各代議員集会／代表者会議常任委員会
市評議会（郡所属）
区評議会（大都市）
基層行政体（ゲマインデ）評議会
各行政局
統一リストによる選挙
代表者の選出、決議による上下関係
代表者の選出、決議による上下関係、報告義務
行政機関の指示、命令関係
行政機関の指導調査

局、それぞれの利害が入り込む余地があった。

ひるがえって、その余地を利用した行動が、党幹部に統制を乱すものと判断された場合には、粛清や共産主義体制に特有の自らの行動を自ら批判して反省する〝自己批判〟の対象となった。なお、批判の矢面に立たされることは、社会的に抹殺される危険と隣り合わせだった。

党内粛清の嵐

冷戦の激化は党内統制に影響を与えた。東西両陣営の国々で、内部で相手方に協力しうると考えられる人物への抑圧が進んだのである。アメリカでは赤狩りが吹き荒れる。さらに、西ドイツでは共産党を禁止するかどうかの違憲審査が始まる。

東側では西側との対立のみならず、一九四八年、ソ連とヨシップ・ブロズ・チトー率いるユーゴスラビアとの対立がそれぞれの国の国内政治に影を落とした。ユーゴスラビアはソ連が指導する欧州共産党の国際的な情報交換組織であるコミンフォルムを追放され、各国のユーゴシンパと目される人びとへの粛清が進む。

この粛清の余波は東ドイツにも及んだ。ドイツ共産党の関係者のうちナチ体制時代に西側へと亡命していた人びとがチトー主義者であるとの非難を浴びて、アメリカとの協力関係が疑われたのである。党内の幹部で嫌疑がかけられた者は役職を失い、保護観察の名目で生産現場に送られるか、逮捕されるかして一九五〇年代半ばまで拘束された。

当時、社会主義統一党の党学校の講師であり、戦後直後にはウルブリヒトとともにベルリンに帰還したウォルフガング・レオンハルトは、スターリンの主張に代わって、ユーゴスラビアの方針に社会主義の新たな方向性を見出そうとしていた。その彼も一度ユーゴスラビアへ脱出した後、一九五〇年には西ドイツへと渡る。

レオンハルトがいうには、党の指導者にとって望ましいのは、彼らの指示に基づいて一所懸命に学習する者であるが、勉強しても、独自の解釈やその先の創造性を発揮する者はいらない。いわば共産主義者にとって望ましい人物とは、決められたテストで点数が取れる要領のいい秀才であった。

社会主義統一党内での粛清は現場レベルにまで及んだ。一九五一年一月から九月にかけて、党員一人ひとりを呼び出し、尋問をする党員証の点検が実施されたのである。その結果、社会主義統一党は五〇年一二月から翌年までに、一五七万三〇〇〇人の党員のうち約二〇%にあたる三一万七〇〇〇人を失った。

冷戦と戦後賠償への認識

この東欧諸国に広がった粛清のきっかけには、もう一つの隠れた事情が作用していた。チェコスロバキア共産党書記長を務めたルドルフ・スランスキーが一九五二年一二月に死刑にされたのをはじめとして、多くの東欧の共産党関係者もチトー主義者として裁判にかけられた。

実はスランスキーのみならず、チェコスロバキアの粛清で処分を受けた人の多くはユダヤ系の人びとであった。彼の罪状の一つはシオニズムとされたが、これは東欧諸国に残存していた反ユダヤ感情の現れだった。

東ドイツでも、反シオニズムは粛清に大きな影響を与えた。党政治局員の一人であったパウル・メルカーが、一九五二年一〇月に逮捕されたのである。彼も戦前に西側へ亡命した経験があり、その間、アメリカ政府関係者との接触もあった。

メルカーは亡命中にはユダヤ系の人びとに対する補償に熱心に取り組み、ナチスに接収された彼らの財産の保護を訴えてきた。彼は共産党員であってもドイツ人としてユダヤ人迫害への責任を意識することが新しい国家建設においては必要であると考えた。それが社会主義統一党内からシオニストとして批判されたのである。

イスラエル建国後、冷戦が激化するなかでアメリカがイスラエル支援に乗り出したのに対して、ソ連はアラブ諸国に接近するといった事情があった。東ドイツもソ連の外交方針に足並みをそろえたのである。

メルカーの粛清と東ドイツ政府の反イスラエルの姿勢は、戦後になってこの国に残ったユダヤ人の立場を悪化させる。特に、社会主義統一党の党員であったユダヤ人は、党の公式路線に異を唱えることが、他の党員にも増して困難となった。

なかでもユダヤ系の子弟を救援するためのキンダー・トランスポートでイギリスに渡り、戦後共産主義に可能性を見出し、東ドイツへ帰国した人びとは深刻な事態に直面する。この点を当事者へのインタビューで明らかにした木畑和子によれば、幾人かはメルカーに連座する形で職業上の不利を被ったとされる。

ここで、東ドイツではナチスの過去について、どのような認識が共有されたのかに触れておきたい。というのも、国家分断のなかで、その認識が東ドイツの国としての正当性に関わっていたからである。

東ドイツにおいても西ドイツと同様、敗戦直後から一九五〇年代はナチ体制が犯した犯罪に対する罪の意識は薄かった。西ドイツでは、当初被害を被った人びとに対する責任があるのはドイツ人全体ではなく、ナチスにあると主張された。

東ドイツの場合は西ドイツよりも複雑だった。そもそも、ナチスが最初に目の敵にして迫害したのは、社会主義者や共産主義者である。

東ドイツの政治指導者のなかでは、ウルブリヒトはソ連に亡命した後、スターリン下の粛清を乗り越えた。ウルブリヒトの後に最高指導者となるエーリッヒ・ホーネッカー（一九一二～九四）はナチ時代には強制収容所に収監されており、そのなかで抵抗活動を行っていた。

それゆえ彼らは、東ドイツは以前のドイツの政治体制とは別の新しい国であり、負の責任を負っていないと主張し、ナチスの不法被害に対する国外から寄せられる個人補償の要求には一貫して拒否する姿勢をとった。これは戦前からの連続性を認めた西ドイツとは正反対のもので

ホーネッカー

ある。

彼らはその反面、ソ連、ポーランドに対しては国家賠償を履行した。また、ナチ体制によって国内で被害を受けた人に対しては、年金支給や生活物資配給、住宅入居への優遇という形で間接的に補償をしている。

その補償は、ナチ体制に対する抵抗者と犠牲者という区別がなされて実行された。抵抗者は国内でレジスタンス活動を行うか、ソ連に亡命してナチへの抵抗活動を指導した共産主義者や社会主義者のことである。犠牲者として位置づけられたのは、国内にいたユダヤ系の人びと、エホバの証人の信者、労働忌避者として収容所に収監された人びとであった。その補償は、「彼らはあらゆる状況を耐え忍び、困難を被った。しかし彼らは闘ったわけではない」という理由から抵抗者に比べて劣った。西ドイツと同様、シンティ・ロマ（かつてジプシーと呼ばれていた人びと）や同性愛者は当初は犠牲者とさえも認められていない。

東ドイツでは、ナチ体制に対する抵抗者が建国したアンチ・ファシズム国家であるという点が、体制の正当性を主張するために強調された。

対ユダヤ人補償

体制側のこのような立場表明は、この国に暮らす人びとにとっては都合が良かった。ナチ体制時代にマイノリティーへとった自らの行動や意識を不問にすることができた。また、メルカーが失脚した後は、党指導部において海外にいるユダヤ人に対する補償を自らの責任と捉える者はいなくなる。

戦後に東ドイツに帰還した犠牲者は、当初、連合国が作ったナチ犠牲者委員会のなかで補償の充実や、犠牲を忘れないための想起を促す集会の組織化などに従事した。ソ連占領地区ではそのための組織として、ナチ体制被害者連盟（VVN）が作られる。この組織はアンチ・ファシズムの立場から政治運動を実践し、人民議会に議員を送り込むこともできた。

しかし、一九四九年以降、西ドイツと同様、東ドイツでも本格的に旧ナチ関係者の社会復帰が問題となった際、社会主義統一党指導部は、一般的な社会保障の枠組みのなかにナチ被害者に対する補償を統合しようとした。

ナチ被害者連盟の活動には、これらの方針を妨げるものがあるとして批判される。また、反シオニズムによる政治的粛清と時期が重なったことから、この団体で活動していた代表的な人物が相次いで西側に亡命する事態となった。被害者連盟は冷戦激化の影響を受けて、一九五三年には解散させられる。

冷戦は一九五〇年代、ナチスの犠牲者であるユダヤ系の人びと、特にドイツ国外に居住する者への補償に影響を及ぼした。東西両ドイツとも、それぞれの陣営に統合していくなかで踏み絵を迫られる。西ドイツは、アメリカにいるユダヤ人の要求もあり、西側統合を推進するためにもルクセンブルク協定でイスラエルやユダヤ人との和解を選ぶ。

それとは対照的に、冷戦によって反ユダヤ主義感情が表面化した東欧圏への統合の道を歩んだ東ドイツは、反シオニズムの立場をとる。イスラエルからの賠償請求を拒絶し、アラブ世界との関係強化を選んだため、イスラエルと東ドイツとの国交は結ばれることはなかった。

東ドイツのユダヤ人に対する立場はその後、西側と本格的に国交を結ぶことを目指した一九七〇年代以降に、再度問題となった。それは、奇《く》しくも西ドイツで過去の克服が叫ばれるようになるのと同じ時期である。

2　スターリン・ノートと六月一七日事件

ソ連のドイツ統一への姿勢

東ドイツは一九四九年一〇月一五日に外務省を設置した。そして、ソ連との外交関係を成立させ、その後東側諸国との間で国交を結んだ。それにもかかわらず、両ドイツの独立は暫定的なものであり、米・ソ・英・仏の戦勝国間の交渉の行方次第では、ポツダム協定で定められた統一ドイツの可能性は失われてはいなかった。

スターリンは東西ドイツが成立した後になっても、再三にわたって西側戦勝国にドイツを統一して講和条約を結ぶよう求めた。このソ連の態度に、社会主義統一党指導部は困惑せざるをえなかった。

スターリンをはじめとしたソ連共産党の思惑については、現在、東ドイツの強化と東側統合を推進するという方針は揺るがなかったとする見解が存在する。この見解によれば、ドイツ統一への訴えは、米・英・仏の西側戦勝国にドイツ分断の責任を負わせるためのアリバイ作りにしかすぎないと考えられている。

他方で、ソ連はドイツを冷戦の緩衝地帯として中立国にしようとし、そのためにドイツ統一を本気で意図していたという見方もある。実際のソ連の行動は米・英・仏の西側とのやり取りだけでなく、東ドイツへの対応もあり錯綜《さくそう》している。

ソ連は西ドイツ首相のコンラート・アデナウアーが西側軍事同盟への参加と再軍備を進めるなか、一九五〇年、東側陣営の総意として積極的にドイツ統一を訴えた。一〇月、東ドイツが初めて参加するソ連と東欧諸国の外相会議がプラハで開かれ、ドイツ問題に関する提案をした。このプラハ宣言はポツダム協定に則《のっと》ってドイツの再軍備に反対し、新たなドイツ統一国家との間で平和条約を結ぶべきとした。

西側諸国はこの動きに対して、国連ないしは戦勝国の監視下での自由選挙の実施を求める。さらには、ドイツの東部国境を暫定的にオーデル・ナイセ線とする取り決めについても見直しを示唆し、ドイツ人には自らの意志で自らが望む安全保障同盟に加わる権利があるとして統一ドイツの中立化にも反対の姿勢をとった。

ドイツ統一への働きかけ

このソ連の動きと並行して、東ドイツが主導するドイツ統一キャンペーンが東西両ドイツ国内で行われた。それを担った組織が、もともとソ連占領地区で人民会議としてドイツ統一運動を主導していた国民戦線であった。

西ドイツ国内ではこの運動は効果をあげなかったばかりか、国民戦線はボン基本法に敵対的な組織と認定されて禁止される。こうして西ドイツでのドイツ統一に関するプロパガンダ活動は不可能になった。東ドイツは、西ドイツ国内のキリスト教民主同盟の創設者の一人で、のちに大統領となる内相のグスタフ・ハイネマンやバイエルン州のキリスト教社会同盟のウルリヒ・ノアークといったドイツ統一論者との協調行動にこぎつけることもできなかった。

ソ連は一九五一年に入っても統一ドイツを求める路線を変更せず、社会主義統一党は引き続き、西ドイツに対する世論工作活動を続ける。人民議会議長は三月には、米・ソ・英・仏の戦勝四ヵ国に、統一ドイツとの間で平和条約を締結するよう要請する。しかし、東ドイツはその前提となる自由選挙の実施については沈黙していた。さらに一一月には、大統領のピークが西ドイツの大統領テオドール・ホイスに、交渉に応じない姿勢を批判しながらも、話し合いを求める書簡を送った。

スターリン・ノートと東ドイツ世論

ソ連は一九五二年三月一〇日、西側戦勝三ヵ国に対してドイツ統一に関する覚書、通称スターリン・ノートを手交してドイツ問題を解決するための交渉を求める。その後、八月までの間に計四回覚書が提案され、西側が返答する外交上の応酬が続いた。

ソ連は米・ソ・英・仏の戦勝国が統一ドイツ政府との講和条約を締結し、そのドイツに独自の軍隊の保持を認めつつ中立化を図ろうとした。これに対して、西側は自由選挙の実施が統一政府を成立させるための条件であるという姿勢を崩さなかった。この提案は結局、西側の反対によって日の目を見ることなく終わり、ドイツ統一の可能性は消滅する。

ソ連はこの間社会主義統一党指導部に向かっては、東ドイツの国家としての固定化にあいまいな姿勢をとり続けた。

ソ連と西側戦勝国との間でのやり取りが続いているなかで、社会主義統一党では一九五二年七月、第二回全党協議会を開催し、社会主義国家建設を本格化させようとする。

ウルブリヒト、ピーク、グローテヴォールの三名は、一九五二年三月三一日から四月七日にかけて、この全党協議会の方針に同意をえるためモスクワを訪問した。その際、スターリンは東ドイツの社会主義化と東西両ドイツの分断について容認したといわれる。少なくとも、彼は東西ドイツ間の境界管理体制を厳格にし、国防力の強化を図ることには同意した。

しかし、グローテヴォールがこれまでのドイツ統一方針を撤回するかどうかを質問したところ、スターリンはプロパガンダも含めて従来通りの姿勢を継続すると発言する。この発言は非常にあいまいであり、社会主義統一党指導部が帰国したのち、ソ連内部では七月一日には東ドイツの社会主義化を押しとどめる報告書が作成される。

つまりこの時期のソ連の行動には一貫性がなく、その指示に右往左往する社会主義統一党の指導者は、ドイツ統一と東ドイツの強化が矛盾しないと人びとに説明しなければならなかった。

西ドイツが五月二六日、西側戦勝国との間で主権回復を認めるドイツ条約を締結した際には、東ドイツはスターリンとの会談結果に従って両独境界線の管理を強化する。両ドイツ間の交通は困難となり分断は固定化していった。

ただ、ソ連のドイツ統一の訴えは、東ドイツの人びとの政治姿勢に影響を及ぼした。彼らは社会主義統一党や国民戦線はドイツ統一や中立化を肯定しているとみなしており、一九四六年の地方議会選挙の際、社会主義統一党を含むすべての政党がオーデル・ナイセ線をドイツの東部国境とは認めないとする公約を掲げていたことを覚えていた。それゆえ、東部国境線の修正を求める声も大きかった。

社会主義統一党の指導者は、皮肉なことにプロパガンダを通じて、ドイツ人としてのアイデンティティーを東ドイツの人びとが保持し続ける手助けをしていたのである。

社会主義統一党第二回全党協議会が東ドイツの固定化に向けて〝社会主義の建設〟を宣言す

ると、体制と社会との間ではドイツの将来像への認識の相違が広がっていった。社会主義統一党が打ち出した政策は、これまでの彼らの主張を自ら裏切るものとみなされたのである。

また、第二次世界大戦の記憶から、軍隊を保持することに反対する平和主義の志向が社会には広範囲に存在した。このときそれに反して、事実上の軍隊である兵営人民警察の人員増強は進んだ。また、軍事力強化に使われる資源や予算の増額にも、人びとは納得していなかった。

さらには、西ドイツと間での最後の統一的な社会団体となっていたプロテスタントの教会組織であるドイツ福音主義教会（ＥＫＤ）と個々の教会への締め付けも、これまでの社会主義統一党の言動と矛盾するものと受け止められた。学校での宗教教育や教会税の徴収も廃止された。以前には、社会主義統一党は党員であっても家庭内の信仰生活には介入しなかったが、この機を境にして教会との接触は問題視される。

急速な社会主義化への焦り

ウルブリヒトら社会主義統一党の指導者は、スターリンをはじめとするソ連指導部のドイツ問題に対する煮え切らない態度に戸惑った。それと同時に、人びとの間で生じたドイツ統一への願望と平和主義的意識との板挟みとなったために、社会主義体制の確立を焦った。第二回全党協議会が決めた急速な社会主義建設の方針は、人びとの社会生活に負担を強いた。

急速な社会主義化を代表するものは農業の集団化であった。東ドイツ政府はすべての自営農を対象として、〝自発的な意思で〟集団農場である農業生産協同組合（ＬＰＧ）への加入を求めた。特に二〇ヘクタール以上の土地を所有する農家に対する圧力が強められ、決められた農作物の収量を納めなかったとの理由で、罰金刑を科されたり逮捕されたりした。その結果、一九五二年から五三年にかけて西ドイツへと逃亡する農民の数は六一年の壁の建設までの間で最も多くなった。

ただ、農業史家の足立芳宏が分析するように、この逃亡は単純に政治的な弾圧を受けたために生じたというものではない。戦前からの農民が暮らす旧農民村落では労働力不足のために経営が成り立たなくなり、結果として接収が進んだ。しかし、これらの村落ではその後、スムーズに農業生産組合へと移行できたのは二割ほどにしかすぎなかった。

中小の手工業やサービス業でも集団化は進められた。彼らは高額の税金を支払えなかったり、製品の納入ができなかったりした場合にはやはり逮捕された。その結果、私企業が生産財を共有し集団化して営業する手工業生産協同組合（ＰＧＨ）への加入が相次ぎ、個人経営の数は減少した。これらの事態により、ただでさえ少ない消費財供給は圧迫された。

ホテルやペンションについてもバルト海沿岸のロストック県において、大掛かりな接収が行われた。〝バラ作戦〟と呼ばれるこの政策により、非合法的な形での所得の獲得や無断での宿の売買といった行為があったとして強引に経済犯罪が認定された。その結果、四四〇ヵ所のホテルとペンション、レストランや小売店、不動産などが国家所有に移管される。

急速な社会主義化の深刻な影響を被ったのはなによりも工場労働者であった。一九五三年二月には給料の大幅な削減が告示されて、労働強化に直面した。それにくわえて、閣僚評議会は五月一四日、労働ノルマを一〇％上昇させると布告した。その開始日は当初六月一日とされたが、その後ウルブリヒトの誕生日にあたる六月三〇日に繰り下げられた。人びとの不満は東ドイツ国内に充満し、いつ大規模に暴発するかわからない状況となる。実際、ストライキが二六件発生する事態となっていた。

ソ連からの〝新コース〟の指示

ウルブリヒトを筆頭に東ドイツの指導者たちは、否定的な情報が集まってきていながらも、事態の深刻さを十分には理解していなかった。またソ連では、スターリンが一九五三年三月に死去して以降、集団指導体制に移行していた。情報治安部門のトップであるラヴレンチー・ベリア、首相のゲオルギー・マレンコフ、共産党書記長のニキータ・フルシチョフ（一八九四～一九七一）らからなる最高指導部は、権力をめぐってお互いに牽制《けんせい》しあっていた。

政治指導体制が流動化するなかにあって、ソ連指導部も当初は東ドイツが置かれた国内状況を楽観視していた。そのため、東ドイツにこの年の賠償支払いを約束させた。

しかし、その想定は崩れ去る。東ドイツの経済状況は悪化し社会的な不安が高まるなかで、西ドイツへの逃亡者が大幅に増加した。一九五一年四月から五三年四月までにその数は約四四

東ドイツから西ドイツへの逃亡者

	逃亡	移住		逃亡	移住		逃亡	移住
1949	129,245		1967	6,385	13,188	~1989年11月8日	241,907	
1950	197,788		1968	4,902	11,134			
1951	165,648		1969	5,273	11,702	総計	476,571	382,087
1952	182,393		1970	5,047	12,472	ベルリンの壁の崩壊		
1953	331,390		1971	5,843	11,565	1989年11月9日~		101,947
1954	184,198		1972	5,537	11,627			
1955	252,870		1973	6,522	8,667	1990		395,343
1956	279,189		1974	5,324	7,928	1991		249,743
1957	261,622		1975	6,011	10,274	1992		199,170
1958	204,092		1976	5,110	10,058	1993		172,386
1959	143,917		1977	4,037	8,041	1994		163,034
1960	199,188		1978	3,846	8,271	1995		168,336
~1961年8月12日	155,402		1979	3,512	9,003	1996		166,007
			1980	3,988	8,775	1997		167,789
総計	2,686,942		1981	4,340	11,093	1998		182,478
ベルリンの壁の建設			1982	4,095	9,113	1999		195,530
1961年8月13日~	51,624	700	1983	3,614	7,729	2000		214,456
			1984	5,992	34,982	2001		192,002
1962	16,741	4,615	1985	6,160	18,752	2002		176,703
1963	12,967	29,665	1986	6,196	19,982	2003		155,387
1964	11,864	30,012	1987	7,499	11,459	2004		146,352
1965	11,886	17,666	1988	11,893	27,939	2005		137,188
1966	8,456	15,675				総計		3,183,851

移住者とは、ベルリンの壁がある期間に移住を申請して西ドイツへ渡った人

万七〇〇〇人に及んだ。逃亡者は五三年は半年間で約一二万人規模にのぼり、そのうち、八〇〇〇人が兵営人民警察の関係者、二七一八人が社会主義統一党の党員とその候補、二六一〇人が自由ドイツ青年団の活動家という事態となる。身内からも、この国の将来を悲観する者が多数現れることになってしまったのである。

　ソ連指導部はこれらの情報を踏まえて、東ドイツの社会主義建設のテンポを抑えざるをえないと考えた。そこで一九五三年六月二日と三日、モスクワでウルブリヒト、グローテヴォール

らと会談し、彼らの政策を批判して今後の指示をした。

社会主義の建設と称して行われてきたこれまでの政策は撤回され、〝新コース〟と呼ばれる路線が採用された。教会関係者への抑圧、農業や中小独立企業の集団化、軍事力の強化はいずれも停止する。また、重工業部門の建設を優先する政策を取りやめて、人びとが必要とする消費財生産を優先するとした。

社会主義統一党はこの内容を一九五三年六月一一日に党日刊紙『ノイエス・ドイチュラント』に党の声明書であるコミュニケの形で発表して、世論の鎮静化を試みた。しかも、この文章はこれまでの政策を党の誤りと認めてもいた。

一九五三年六月一七日事件

しかし、このコミュニケは工業労働者へのノルマ引き上げを撤回していなかった。もしこのノルマの強化が撤回されなければ、彼らは二五から三〇%に及ぶ実質賃金の低下を甘受しなければならなくなる。

さらに、社会主義統一党が誤りを認めたことで党内からも指導部に対する批判が巻き起こり、各地で党ならびに政府首脳に対する退陣要求が現れた。なかには社会民主党の再結成の許可を求める声まであがった。

我々はもはやこの政策についていくことはない。朝令暮改だ。中央委員会は過ちを犯した。彼らはその尻《しり》ぬぐいをしなければならない。(Ilko-Sascha Kowalczuk/Armin Mitter/Stefan Wolle (Hrsg.), *Der Tag X–17. Juni 1953*, S. 204)

党内の統制すらも怪しくなるなか、農村のあちこちでは、社会主義統一党支配の終焉《しゅうえん》とドイツ統一を祝おうとする動きまで現れる。人びとの抗議行動は都市部においても散発的に生じた。

そして、首都ベルリンのスターリン大通りで建設工事に従事していた建設労働者たちが声をあげ、これがきっかけで抗議活動は全国的規模にまで拡大した。彼らはノルマの強化撤回と成果に見合った給料を要求して、六月一五日にはストライキに突入する。

六月一六日、労働者の怒りの火に油を注ぐ記事が、労働組合の日刊紙『トリビューネ』に掲載された。その記事は労働ノルマ引き上げに関する決定は完全に正しく、そのまま維持されるとまで断言していたのである。

その日、建設労働者は隊列を組んで閣僚評議会の建物へと向かい、ノルマ引き上げの撤回を求めた。多くの人びとがこのデモに合流する。午後二時三〇分には、その撤回がデモ隊に知らされたものの、何千人にも膨れ上がった人びとは解散しなかった。自由・秘密選挙の実施、社会主義統一党支配の打倒、ドイツ統一を叫び、翌日のゼネストへの参加が呼びかけられた。

西ベルリンにあったアメリカのラジオ局リアス放送（RIAS）をはじめとして、西側の放送局はこの様子を一日中伝えていた。

六月一七日、ゼネストは全国七〇〇ヵ所以上、東ドイツ全土に広がった。ストライキには推定約五〇万人、デモには四一万八〇〇〇人にのぼる人びとが参加したといわれる。そのうち、東ベルリンでは西ベルリンからも多くの人が加わり、一〇万人規模にまで膨れ上がった。

翌一八日にも一二六の企業、約六万八〇〇〇人の労働者が完全ストライキを実施し、その他六〇にのぼる企業でも部分的なストライキになった。

この状態を抑え込めるのは、もはやソ連軍しかいなかった。戒厳令が布告されて、戦車も出動して人びとを解散させていった。この反対行動は特定の指導者がいたわけでもなく、自然発生的なものであり急速に鎮静化した。

アメリカをはじめとした西側戦勝国は介入を控える。それは西側が一九五六年のハンガリー動乱よりも先に、ソ連圏の存在を事実上承認したことを意味している。西ドイツ政府からも東ドイツの人びとへの支援はなかった。

その後西ドイツでは、この抗議行動は東ドイツの人びとが社会主義統一党の支配を否定し、ドイツ統一を求めていたと公式には解釈された。人びとが東ドイツの社会主義体制を否定し民主主義体制を望んだものであり、自国こそ正当なドイツ国家であることを示すものと理解された。そして西ドイツでは、一九九〇年まで六月一七日は、〝ドイツ統一の日〟として祝日となる。

それに対して東ドイツでは、これは西側のスパイが煽動しそれに国内の敵が加わった反乱だったと主張した。

そのため、これまでこの「六月一七日事件」はある人から見れば蜂起でありながらも、他の人は反乱というように、正反対の評価がされてきた。またチューリンゲン・イエナの工業労働

6月17日事件　（上）正午ごろのポツダム広場、東西ベルリンの境界近く　（中）ノルマ引き上げ撤回を要求する横断幕を掲げる人びと、ベルリン　（下）出動するソ連軍

者の行動を分析した星乃治彦の研究によれば、この事件は国内の体制内改革を志向した改革運動であったと見ることもできる。

ここで、この抗議運動が激化する直前に発表されたコミュニケが社会に与えた影響を考えてみたい。そのコミュニケでは、東ドイツはドイツ統一を今後も目指すと主張している。これは先年に出されたスターリン・ノートの当局側の公式見解とも一致している。

つまり、東ドイツの人びとは政府と同様の主張をしているのである。しかし、彼らにとってのドイツ統一とは、東ドイツの強化ではなく中立の統一ドイツであり、しかも、戦争中の体験を踏まえた平和主義的なものであった。人びとが掲げたドイツ統一というスローガンは、決して西ドイツ化した統一ドイツを求めるだけのものではない。

3　社会主義の建設――経済と社会の変化

六月一七日事件の教訓と締め付け

六月一七日事件は最大に見積もって一万五〇〇〇人の逮捕者を出したものの、一九五三年の年末までには多くの者が釈放される。この出来事は社会主義統一党に、最低限の生活水準を維持しなければ、支配を安定化させることはできないとの教訓を植え付けた。かといって、計画経済そのものを放棄して市場経済へと戻ることもできなかった。抗議行動が起こる前、ソ連は

〝新コース〟の導入をウルブリヒトたちに指示したものの、社会主義化を諦めるのではなく、そのテンポを緩めるというのがその趣旨であった。

社会主義統一党指導部は国内情勢の不安定化を防ぐため、治安組織を強化せざるをえなくなる。シュタージは情報網を整備するために、正規の職員ではなく情報をその都度報告する非公式協力者（IM）の数をこれまでの二倍の三万人まで増やす。内務省が管轄する警察では、地元警察の監視ネットワークが整備され、各企業では緊急事態には国が動員する自警団が導入され始めた。

むろん、人びとの不満を取り除くべく新コースは継続され、教会や自営農民、自営業者に対する抑圧は控えられた。グローテヴォールは翌七月の党中央委員会総会において、工業労働者のみならず全勤労者の生活改善を早急に行うと約束し、消費財と食料品の生産に予算を多く投じるとも述べた。

その後、下位の賃金等級にある労働者の最低賃金が引き上げられて、最低年金額も増額された。そして、一〇月には、配給以外に国営商店や消費協同組合を通じて取引される消費財の価格は引き下げられた。

ウルブリヒトに対する責任追及の失敗

社会主義統一党の政治局内部では六月一七日事件の責任をめぐり、ウルブリヒトの独断的な指導を問題視し、彼を非難する声が高まる。一九五三年七月八日の政治局会議では、政治局員と政治局員候補のうち、彼を支持したのは二名のみで、そのうちの一人がのちに最高指導者になるエーリッヒ・ホーネッカーであった。とりわけウルブリヒトに激しい非難を浴びせたのが、シュタージの責任者であったヴィルヘルム・ツァイサーとノイエス・ドイチュラントの編集長であったルドルフ・ヘルンシュタットである。

ただし、翌日にはウルブリヒト、グローテヴォールらは、モスクワへ東ドイツの情勢報告に行く予定で、政治局の会議ではその日のうちにウルブリヒト解任を決議するまでには至らなかった。彼の運命はモスクワが示す方針にかかっていた。

そのソ連共産党内部では、集団指導体制の一角が崩れようとしていた。フルシチョフとマレンコフは、東ドイツの社会主義の発展を犠牲にして、ドイツ統一を推し進めようとしたとベリアを断罪し、放逐した。

ソ連共産党指導部は東ドイツの再度の不安定化を望まなかった。そのため、ウルブリヒトの続投が決まり、ドイツ統一ではなく東ドイツの社会主義化とその安定を図ることがソ連のその後の正式な政治方針となる。

ウルブリヒトは帰国後、ベリアとつながりがあるとしてツァイサーを、提案した党の刷新案に問題があるとしてヘルンシュタットを党除名に追い込む。また、ウルブリヒトを非難した政治局員も地位を追われ、彼は権力者としての立場を再確立した。

六月一七日事件は、いくら直接行動に訴えたとしても武力鎮圧されるだけだという認識を東ドイツの人びとに与えた。それゆえその後、体制への抗議は東ドイツでの将来を諦めて西ドイツに逃亡する「足での投票」という形をとった。社会主義統一党は生産資本に関わる私有財産の公有化を進めた。それが人びとに東ドイツに残る動機を失わせ、西側への逃亡へと結びついたのである。

消費財供給の実態

六月一七日事件以降、人びとの不満を解消するため、消費財の供給は徐々にではあるが改善していった。ただ比較的高価な商品については、量と質ともに人びとの需要を賄えなかった。

一般的な工業製品の数量は確保されていた。しかし品質の劣悪さは覆うべくもなかった。穴の空いた下着、左右の袖の大きさが極端に違うため着られないオーバーは珍しくなかった。結果的に、人びとの手元に届く商品の数は少なくなった。一九五〇年代から六〇年代にかけての東ドイツの消費政策を分析し、日本における東ドイツ史研究の嚆矢である斎藤哲によれば、工場経営者は消費者の要求を考慮することなく生産しても、何も気にしなかったという。

そこには質の管理がなされていない商品が大量に出回るという計画経済の欠点が現れたのである。さらには機械の整備や、修理・修繕サービスを手がけるような手工業部門では、一九五〇年には三〇万四〇〇〇あった企業は、五七年には二三万二〇〇〇へと減少した。東ドイツの日常的な消費生活に悪影響が及んだのは疑いない。

社会主義体制下では、消費財が必要なところに供給されずに不足しつつも、物資は退蔵されるという「不足の経済」の現象が生じる。むろん、この時期であれば、西ベルリンは米・英・仏戦勝国による管理下にあるので、越境には障害はなく自由に買い物に出かけられた。所持金を西ドイツマルクに交換すれば、ここではより品質がまさる西ドイツの商品を手にすることができる。

この状況下での消費財価格の上昇は、政情不安を再度引き起こすことにもなりかねない。そこで、政府は一九四四年レベルに商品の価格を凍結する。特に、食料品に代表される基礎消費財については、補助金を投入して価格を安定させたのである。六月一七日事件の処理を行うなかで重視した消費政策には、その後の東ドイツ経済が避けられなくなる補助金への依存という構造問題がすでに現れていた。

社会主義統一党自身も、消費財生産を重視しなければ、自らの正当性が危機にさらされかねないという点については理解していた。それゆえ、一九五五年から計画経済の仕組みを変えようとし、企業に責任を持たせ、需要と供給を踏まえた経済運営の導入を試みる。しかし、この試みは党経済官僚組織の権限を喪失するとの不安を掻《か》き立てたため、ウルブリヒトは徹底的な改革に踏み出せなかった。

作業班の導入

労働政策においては、労働組合が社会主義統一党の御用組織となったため、労働者の意見や利益をくみ上げる仕組みが整備された。その役割を果たしたものが、一九五一年の第一次五ヵ年計画以降導入された一二人前後からなる職場の生産工程で同じ業務にあたる作業班（Brigade）である。なお、六〇年代になると作業班の平均人数は一六人に増加する。社会主義統一党は労働現場のこの基礎集団を通じて、労働者のイデオロギー教育を行い、生産性を上げようとした。

作業班は上から導入が進められたものにもかかわらず、その後も増加していく。占領期から一九五〇年代までの東ドイツの造船業を検討し、労働者の労働空間のあり方を示した経済史家の石井聡によれば、それはこの組織が労働ノルマについて非公式的でありながらも、労働者の利益代表者としての機能を果たすようになったからだった。

ノルマは、経営側と作業班との交渉によって設定されるようになる。また、作業班のトップである作業班長は、経営側や社会主義統一党の任命ではなく、労働者が自発的に選出したことも、この組織の定着を促した。社会主義統一党指導部にとっては、労働者が不満を抱いて労働争議を引き起こす事態を防ぐ効果があったものの、その反面で作業班は労働者の利益に基づいて行動したため、期待したほどには生産性向上には貢献しなかった。

若者の流出と女性の活用

農業部門の集団化は一時停止されたものの、すぐに再開しなければならなくなった。生産協同組合へと移行しなかった農場の経営問題が深刻化したため、それらの不良組織を既存の生産協同組合に吸収しなければならなくなったのである。

集団化は、戦後に土地を配分されて入植した新農民にも及んだ。彼らのなかで特に若者は農業経営に従事しなければならないという意識は弱く、恒常的に西へと逃亡していく。このことが農場の労働力不足を引き起こし、経営返上が続く悪循環に陥った。

結果としては、一九五四年末には、生産協同組合への移行割合は五三年の夏の段階を超えた。生産協同組合は、その資本財の公有化の進み具合で三つに分けられる。一型は耕作地のみを共同化するもので、二型は機械類や牽引に利用する牛馬なども共同所有に移管した農場である。そして、このとき移行した生産協同組合の八〇%以上は、すべての生産資本財を公有化する三型であった。

ベルリンの壁の建設まで労働力の流出が続いていた東ドイツでは、労働力を確保するために女性を活用しようとした。女性同盟はこの時期から主婦作業班なるグループを作り、時間を決めた半日契約ないしは一週間の特定の日にのみ就業するパートタイム労働者を、各企業へと派遣していた。女性の就業率は一九五四年から五六年にかけて、五四%から六五%へ上昇した。しかし、彼女たちをもってしても、西ドイツへの逃亡者の労働力を

女性の就業者数と就業率

	就業可能人口	就業者数	就業率
1955	6,182,000	3,244,000	52.5
1970	5,011,000	3,312,000	66.1
1980	5,257,000	3,848,000	73.2
1989	5,074,000	3,962,000	78.1

1989年は学生も含めた数字で、実際の就業率は91.2%

埋めることはできなかった。

スターリン批判の余波

一九五六年二月、ソ連では第二〇回党大会が開催される。この大会は権力を掌握したフルシチョフがスターリンへの批判を秘密報告で行ったことで知られている。スターリンによる権力の乱用、彼に対する個人崇拝、大規模なテロルが暴露された。その後、東欧圏ではポーランドでのポズナン暴動やハンガリー動乱といった、社会主義体制を揺るがす事態が生じる。

東ドイツではこの大会に出席していたウルブリヒトが帰国後、「マルクス主義の古典には、スターリンは数えられない」とノイエス・ドイチュラントで発表する。彼はこれまではスターリンを讃《たた》えていたが、一転して社会主義統一党が進める方針とのつながりを否定して政策を維持しようとした。

しかし、党内ではスターリン批判を受けて、政治改革を求める人びとが現れる。その中心にいたのは知識人であった。最も強くウルブリヒトに批判の声をあげた代表的な知識人には、ベルリン・フンボルト大学講師で編集者であったウォルフガング・ハーリッヒやアウフバウ出版社の社長ヴァルター・ヤンカといった人びとがいた。彼らには書籍で人びとに対して党指導部とは異なる見解を発表する機会があった。

ハーリッヒは社会主義統一党指導部の独裁を問題視し、民主的で社会主義的な新しい党を求めて、一般公開用の文章を準備する。その間、彼はソ連管理委員会や西ドイツとも接触を持つ。ウルブリヒトは事態が拡大することを恐れ、ハーリッヒに直接警告したものの、彼は党改革案を正式に出そうとする動きを止めなかった。そのため、アウフバウ出版社のヤンカも含めて逮捕された。

大学では政治的な関心が薄いと思われていた自然科学系や医学系の学生までもが、ウルブリヒトの個人崇拝を批判して、対話を社会主義統一党に要求した。ウルブリヒトは企業の自警団を動員して、この動きを封じ込める。

党指導部内では、イデオロギー担当書記であったフレッド・エルスナーがウルブリヒトに対して、彼の独断的な政治スタイルへの批判の声をあげた。また当時の党内ナンバーツーであったカール・シルデヴァンも指導体制の見直しを図ろうとした。ただ、彼らの行動は政治局において十分な支持を集められず、ウルブリヒトに各個撃破される。さらには、シュタージの責任者であったエルンスト・ヴォルヴェーバーも、公安組織に対して十分な指導力を発揮できなかったと批判され、彼らはいずれも一九五八年までには指導部から追いやられた。

ウルブリヒトは知識人と党内指導部内の反対勢力が結びついて、社会にアピールすることを恐れた。

東ドイツ建国以前から一九五〇年代にかけての東ドイツ知識人と社会主義統一党の関係性を検討した伊豆田俊輔によれば、スターリン批判以降、東ドイツの知識人は社会主義統一党体制への挑戦をしなくなった。その代わりに、彼らは知識人内部で相対的な自律性を維持する方向へ向かったといわれる。

また、六月一七日事件の余波が残るなか、この国の人びとにとって社会主義体制の改革を目指すよりも、自らの生存を図ることが重要になっており、ハンガリーのように知識人と党内指導部の反対派、さらには人びとが結びついて蜂起する可能性はなかった。

重工業重視の経済戦略への回帰

社会主義統一党はスターリン批判直後の一九五六年三月、新コースの見直しを図り、経済成長を軌道にのせるため再度、党大会に準じる第三回全党協議会を開催した。経済政策のなかで投資が重点的に行われることとなったのは資源産業と機械工業だった。社会主義統一党はこの二つの分野で約六割増しの生産を目指し、生産性は五一％上昇させるとの目標を掲げた。自国内で開発できる褐炭《かったん》をはじめとした資源を開発することで、必要なエネルギー源を確保しようとする。

この政策は社会主義体制の基本的経済政策である重工業建設を採用し、消費財の供給にはその後に配慮する方針であった。東ドイツでは六月一七日事件の影響のほか、西ドイツと豊かさをめぐる競争を意識しなければならなかったため、消費財の供給を完全に無視することはできなかった。

その後三年間、東ドイツの経済成長率は七％（一九五六年）、八％（五七年）、そして一一％（五八年）と安定した伸びを見せる。それに対して、西ドイツでは一時的に、高い経済成長率が鈍化していた。

一九五七年には、人民所有企業の労働者の給料は平均約七％上昇している。またツヴィカウの自動車工場から初めて自家用車トラバントが出荷された。翌年には、第三回全党協議会で目標としていた配給制の廃止を実行できた。これは生活物資の値上げにつながったものの、経済成長と相まって、消費財の供給も改善した。

西ドイツに追いつく間もなく、追い越す

この一九五〇年代中ごろには、社会主義統一党内では将来普及が見込まれる耐久消費財について、西側のような個人所有を前提とするのではなく、公有化してそれを共同で使用する構想が存在した。そのために、掃除機、テレビ、写真機、余暇のためのスポーツ用具やキャンピング用品の貸し出しをする公共施設を設置することも議論されていた。

もしこれが実現できればシェア経済が成り立つ。しかし、耐久消費財の個人所有への欲求は抑えられなかった。社会主義統一党も基礎消費財を安価に維持するうえで、住民の耐久消費財への購買意欲を高めねばならないと理解していた。また、人びとも西ドイツの消費水準を政府が実現すべきものであると見ていた。西ドイツとの競争のために結果として、大衆消費財の共

同保有という考えは採用されなかった。

その後、ウルブリヒトは経済・社会状況が安定したと判断し、一九五八年七月、第五回党大会でいささかなりとも人びとの消費社会生活への配慮をしていた第二次五ヵ年計画を廃棄する。そして再び重工業建設を最優先する六五年までの七ヵ年計画を策定した。彼が経済目標を定めた〝経済的主要課題〟は非常に野心的であり、急速な社会主義社会への転換を実現しようとした。いわば、六月一七日事件で中断せざるをえなかった〝社会主義の建設〟を再度完成しようと試みたのである。

数年のうちに東ドイツ経済は大いに発展するであろう。ボンの帝国主義勢力の支配に対して社会主義社会の秩序が優越することは、明白に立証しうる。そしてその結果、我々が重要であるとみなすあらゆる生活物資と消費財に関して、一人当たりの勤労者住民の消費は、西ドイツ住民の一人当たり消費に対して追いつく間もなく、追い越す。(*Protokoll der Verhandlungen des V. Parteitages der Sozialistischen Einheitspartei Deutschlands*, S. 22 ff.)

ウルブリヒトはその目標達成年限を一九六一年に設定し、労働生産性の向上を図りつつ、工作機械をはじめとした加工組立部門や石油化学産業への優先的な投資を決定した。しかし、この政策案は消費財の供給についての見通しはかなり甘く、しかも、人びとの目がいく西ドイツの豊かさについて過小評価した。このときすでに西ドイツは労働生産性で東ドイツを三〇%上回っている。

ウルブリヒトは重点目標とされた石油化学産業の振興について、「化学はパン、豊かさ、そして美しさを与える」というスローガンを掲げて、この産業が人びとの消費生活を向上させるとする将来像を示した。しかし、計画のなかでは、単に石油化学製品の生産力の増大が語られるだけだった。人びとの消費にとって重要な合成繊維や、それを利用した具体的な製品の生産について、ウルブリヒトの発言では何も触れられてはいなかった。

東ドイツで石油化学産業を振興するには、原材料となる石油が必要である。それは西側諸国とは外交関係がなく世界市場から十分に確保できない以上、ソ連や他の東側諸国を通じて手に入れなくてはならない。しかし、東側諸国からの資源の輸入量は二%しか上昇しなかった。東ドイツの立てた計画は、達成可能かどうかについての客観的な見通しを欠いていた。

7ヵ年計画のポスター
「我らの時代の最良の人物。“我々労働者にとって、克服できない困難など何もない”」

しかも東ドイツの人びとの生活実感は、いまだに戦後の物不足が解消されてはいないというのが偽らざる現実であった。耐久消費財をはじめ工業製品も不足し、物価の高騰状態は続いていた。たとえば、一九五九年、ナイロン・ストッキング一足の値段は、西ドイツの二・三マルクに対して、東ドイツでは一〇マルクだった。東ドイツの消費水準は戦前の状況にまで回復してはおらず、西ドイツとの差は埋まるどころか、広がっているとさえ考えられたのである。

石油化学産業のスローガン　「化学はパン、豊かさ、そして美しさを与える」

社会主義意識の養成を目指して

社会主義統一党は東ドイツ社会の本格的な社会主義化を図るために、教育・文化政策の改革にも乗り出した。一九五九年、初等・中等教育に一〇年制の一元的な総合技術学校（POS）を導入する。

初等教育の初期に大学への進学を前提にするギムナジウムと、それ以外の学校へと子弟を振り分けるドイツの伝統的な複線型教育システムでは、労働者階級出身者の社会的なキャリアの上昇には限界があった。そのためこれまでの教育制度を現代化しつつ、さらに社会主義体制に適合する道徳観を養おうとした。

文化政策においては、知識人と労働者の間の文化水準の差が問題とされ、ブルジョワ的文化の克服が課題とみなされて、社会主義的な意識を浸透させるという目標が立てられた。そこで、労働者の知的な文化活動を促そうとする。「ペンを握れ。社会主義的な国民文化は君を必要としている」とのスローガンの下、労働者の文芸活動を積極的に促した。これは通称、〝ビッターフェルト路線〟と呼ばれる。

キャンペーンを通じてこの活動の宣伝がなされ、ハレ県の工業集積地ビッターフェルトにある電機コンビナートの青年労働作業班、ニコライ・ママイ（ソ連の労働英雄からとった名称）がその口火を切る。彼らは〝社会主義的に働き、学び、生活する〟と語り、生産活動のみならず労働時間以外に作業現場の仲間内での文化活動を積極的に実践した。

この姿が一九五九年四月、ビッターフェルトで開催された作家会議で将来の東ドイツ文化の形であると説明された。その後多くの生産現場では作業班による文化活動が実施され、コンテストがなされた。具体的には、映画館や美術館に職場の仲間と一緒に出かけ、そのあと、作品についての議論を深めるばかりか、小旅行などの余暇活動も共同で行われる。そして優秀な活動には社会主義的労働作業班としての表彰がなされた。社会主義統一党は作業班を通じて人びとを教育すれば、労働者は生産性向上を自発的に図るようになるとの思惑を持っていた。

経済史家の石井聡によれば、この作業班は社会主義体制内での人と人とのつながりを強化することになった。なお、作業班のコンテストは次第に形骸《けいがい》化し、持ち回りで各作業班が表彰をうけるという形に変化していく。その点では、社会主義的な意識を養うという社会主義統一党の目論見《もくろみ》は外れたといわざるをえない。

このビッターフェルト路線では、作家、画家、彫刻家、音楽家といった知識人が生産現場を訪れ、それぞれの新しい作品テーマを見つけると同時に、労働者の文化水準向上のため助言を与えた。それは社会内部での文化的な差異を克服するために重要と考えられた。

市民社会の払拭《ふっしょく》

東ドイツ社会の社会主義化の矛先は、教会関係者、自営農民、手工業者という産業労働者層とは異なる社会層に向けられた。教会については、再度、東西両ドイツにまたがる唯一の社会組織であるドイツ福音主義教会の活動が問題視される。というのも、プロテスタント教会は西ドイツが連邦軍を創設した後、西ドイツ政府との間で司牧活動を行う協定を結んで部隊内で礼拝を司った。そのため、東ドイツ政府はこのつながりを問題視して、東側の教会関係者に西側の教会との関係を断つように圧力をかけた。

東ドイツでは、一九五〇年代末の段階では、いまだ三分の二の人びとがプロテスタントの信仰を維持していた。また、若者の三分の一が一四歳になったときに信仰を固める伝統的宗教行事である教会での堅信式に出席していた。

社会主義統一党はこの儀式を青年教育にとって有害だと考えた。そのため、自由ドイツ青年団が堅信式に代わる青年式（Jugendweihe）を考案した。青年式に参加する人は一九五六年には約二六％だったものが五九年には八〇％まで上昇した。教会は、それに対して青年式を受けたものには堅信式を行わないとしていた。政府は青年式への参加を国民的な行事にしたため、教会離れが進んだ。

手工業部門の自営業者への圧力は、それほど高くなかった。彼らが計画経済では対応できない修理や修繕といった業種を担っていたからである。ただ、税制の優遇措置がある手工業生産組合へ企業形態を変化させる者や、半国営企業に加入する者が相次いだ。その組合は一九五七年末には二九五経営あったが、六〇年末までに三九〇〇へと増加し、東ドイツにおける全手工業生産の二八％を占めるまでになる。

最大の問題を引き起こしたのは農業の集団化であった。一九五七年には第三三回中央委員会総会で全面的な集団化路線が決定され、五九年の収穫終了後から六〇年の春にかけて一気に強行された。

農業生産協同組合では、労働力が減少していたにもかかわらず、生産量の計画は据え置かれたため、農業従事者の労働環境は改善せず不満が充満していた。しかも農場が大規模化したにもかかわらず、農業機械は十分に配備されなかった。

さらに多くの農民が、西へと逃亡していった。農村に残った人びとが集団化に合わせて対応することで、農業生産はなんとか維持された。なお、一九六〇年四月、農業集団化が完了したと宣言されたとき、東ドイツの農村には生産協同組合や公営農場、大規模と小規模一型から三型までの各種農場とが入り組んだ経済組織が存在することになる。社会主義体制下の農業といっても一律化した生産形態が確立したわけではなく、そこに働く農民の待遇の差異は激しかった。

4　冷戦のなかの東ドイツ――緊張緩和とベルリン問題

東側諸国との外交関係

東ドイツは建国後には、共産圏諸国との間で国交を結んだ。また、東側の経済協力機構のコメコン（COMECON）にも加入する。ただ、直接国境を接する隣国のポーランドとチェコスロバキアとの間では外交上の問題を抱えていた。両国にはナチスの侵略で被害を被った記憶が残っていた。彼らにとって東ドイツは同じ共産主義の同志であるよりも、加害者のドイツ人だと映った。

この二つの国との懸案事項は国境線の画定にあった。東ドイツは、チェコスロバキアとの間では、ナチ体制が一九三八年に併合したズデーテン地方を放棄する。また、ポーランドとの間では五〇年七月にゲルリッツ条約を締結し、オーデル・ナイセ線を国境とすることに合意する。その際、敗戦直後にポーランドが直接占領したオーデル川左岸のシュテティン及びその周辺もポーランド領に編入された。

フルシチョフの二国家論の実態

賠償の取り立てを東ドイツに課すソ連の方針は、六月一七日事件を機に転換を余儀なくされる。彼らは、東ドイツからの賠償の徴収を放棄した。反対にソ連は東ドイツに対して五億ルーブルにのぼる借款を供与する。また、ソ連軍の駐留費用は東ドイツの国家予算の五％を超えない額までに限定された。

一九五五年六月、ジュネーブで開催された米・英・仏・ソの東西首脳会談は国際的な緊張緩和のきっかけとなったものの、ドイツ問題解決への糸口はつかめなかった。フルシチョフはこの会談終了後、帰国前にベルリンに立ち寄る。そして彼は、「ドイツ再統一はドイツ人自身の問題である」と述べて、二つの国家がドイツに存在していると認めた。少なくとも彼はソ連が、今後は東ドイツを犠牲にしてまで、西側ならびに西ドイツとは交渉しないとの立場を示した。

そのうえで、フルシチョフは帰国後アデナウアーにモスクワ訪問の招聘状を送付した。アデナウアーは訪ソを決意して、西ドイツとソ連は正式な外交関係を締結し、最後までソ連国内に残っていた捕虜の送還を認めさせた。

この捕虜は、戦争犯罪人であることを根拠に、ソ連に抑留されていた人びとであった。もし東ドイツに引き渡せば、彼らは東ドイツの法律に従って、非ナチ化を理由に再度処罰される恐れがある。そこでソ連は西ドイツに対する外交カードとして彼らを利用した。

アデナウアー訪ソの後、東ドイツは翌一九五六年一月には兵営人民警察を軍隊である国家人民軍（NVA）へと改組した。そして、ワルシャワ条約機構軍の指揮下に入り、東ドイツは東側陣営に軍事的にも統合される。

西ドイツはアデナウアーのモスクワ訪問直後、東ドイツと正式な国交を結ぶ国とは外交関係を樹立しないとする当時の外務次官、ヴァルター・ハルシュタインの名をとった外交原則を掲げた。このハルシュタイン・ドクトリンでは西ドイツだけが、ドイツならびにドイツ人全体を代表する国家であると主張した。なお、西ドイツ政府はソ連との関係は戦争捕虜を解放するために必要であり、戦勝国に対するもので例外であると説明する。

そのため東ドイツ政府は、中立国や非同盟諸国と正式な国交を結ぼうと考えたが成果はあがらなかった。東ドイツはその結果一九五五年までに、中立国や第三世界のいくつかの国々との間で通商協定を結ぶにとどまったのである。

ヨーロッパの中立国のなかでは、唯一、フィンランドとの関係強化に成功したものの、やはり正式な国交まで結ぶには至らなかった。フィンランドはソ連からの圧力があったが、両ドイツの間での複雑な外交関係に巻き込まれることを恐れ、通商代表部を置くにとどめる。その他のヨーロッパの中立国は軒並み西ドイツとの関係を選択した。

本来ならば米・英・仏西側の戦勝三ヵ国も東西両ドイツの主権回復後、東ドイツとの間で国交を結んだとしても、ソ連と同様問題はないものの、ハルシュタイン・ドクトリンを尊重した。ソ連は東西ドイツともに国家承認しながらも、西ドイツと比べて東ドイツを公式の外交関係では優遇しないというのが、フルシチョフのいう二国家論の実態となった。それゆえ、引き続き東ドイツは西ドイツに比べて外交関係を結ぶ国が限られるという国際関係上の脆弱《ぜいじゃく》性を抱えざるをえなかった。

フルシチョフの外交攻勢

スターリン批判は、共産圏内部での国内体制のみならず、東西冷戦にも影響を与えるものであった。フルシチョフは、東西両陣営の平和共存と競争の可能性についても言及している。

彼の唱えた外交方針には、社会主義への移行には多様な道があるという見解もあった。この方針は、スターリン体制下で関係が悪化していたユーゴスラビアとの調整を図るためだった。その一環として一九五七年、東ドイツはユーゴスラビアと国交を樹立できた。

同年、フルシチョフは人工衛星スプートニク打ち上げに成功し、先端的な科学技術では東側陣営のほうがアメリカを中心とする西側よりもまさっているとの感触を持つようになる。これが米ソの平和共存路線を前提にしながらも、ソ連が外交上の攻勢を仕掛ける誘因となった。

しかも西ドイツでは、ソ連と東ドイツには軍事的な脅威となりかねない核武装についての議論がなされていた。そのためこの年の七月、東ドイツ政府は西ドイツに東西ドイツそれぞれの国内体制を維持したままで、対外的には一つの単位として行動する国家連合構想を提案して揺さぶりをかける。この提案は東西両ドイツの軍事同盟からの離脱を前提にしている点で、これ

フルシチョフ（右）とウルブリヒト（左）
1957年８月フルシチョフの東ドイツ訪問時

までの東側の政策の延長線上にあった。

なお同年一〇月、ポーランド外相アダム・ラパツキは国連総会において、両ドイツの非核化を提案し、それにポーランドも加わると表明した。ただ、このラパツキ・プランは、当事国間の協定を求めてはいない。東ドイツは東西両ドイツが国際法上協定に調印することで、西ドイツが主張する排他的な国家承認への要求を崩したいと考えていたものの、東ドイツは自陣営のポーランドからも外交上の立場を改善するための支援を受けられなかったのである。

フルシチョフの本格的な外交攻勢の起点となったのは、戦勝四ヵ国が共同管理しているベルリンだった。米・英・仏の西側三ヵ国が軍隊を駐留させている西ベルリンの取り扱いを変更しようと目論み、一九五八年一一月二七日、ソ連は米・英・仏にベルリンからの撤退を求め、大ベルリン全体を東西ドイツ両国のいずれにも属さない独立した〝自由都市〟にするとの最後通牒《つうちょう》を発した。フルシチョフはそのうえでドイツと平和条約を結ぶべきであると提案する。もしこの要求が六ヵ月以内に受け入れられない場合には、ソ連は東ドイツと単独で平和条約を締結し、西ベルリンへの通行に関する権限を東ドイツに移管すると述べた。

むろん、西側は要求を拒否した。彼らは、東ドイツへの通行に関する管理権引き渡しにも応じなかった。

ソ連は、ベルリン問題を利用して、ドイツ問題、さらには冷戦下で米の核兵器の配備数がソ連に対して圧倒的にまさっているという脆弱性を解決したかった。そのため、フルシチョフは最後通牒に従った行動をすぐには採らずに、その後も西側戦勝国との交渉を続けた。

それに対して、ウルブリヒトはすぐにでも、ソ連が最後通牒に沿った行動に出ることを望む。ベルリン問題の解決は東ドイツにとっては緊急の課題となっていた。というのも、経済的に苦境にあった東ドイツでの生活に見切りをつけて、西ドイツに逃亡する人びとが再び急増したからである。それが唯一可能な場所が、いまだ鉄条網が引かれていないベルリンだった。逃亡者の数は、一九六〇年は約二〇万人、六一年は八月までに約一五万五〇〇〇人にも及んだ。しかもその大多数は若者や就業者、つまりは貴重な労働力だった。

ベルリンの壁建設前夜

一九六〇年には、これまで維持されてきた東西ドイツ間の通商協定が破棄された。ベルリン問題をめぐる東西間の対立激化が原因となって、東ドイツは西ドイツからの生産財の輸入に頼ることができなくなる。

ウルブリヒトはフルシチョフに事態の深刻さを述べ、壁の建設を許可するように訴えている。

我々は国境が開いている現状では、西ドイツに立ち遅れているがゆえに、各経済発展段階で利用可能な資金を、工業生産の基礎を拡大し更新するために優先して用いることができないでいる。端的にいうならば、国境が開いている現状において、我々は経済力に見合う以上に〔西ドイツの水準に合わせて〕速やかに生活水準を向上させねばならない。

(*SAPMO-BArch, DY 30/3709*, Bl. 120)

最終的には、一九六一年三月、ワルシャワ条約機構諸国の共産党第一書記の会議において〝境界保全〟という形で壁の建設が認められた。

ただ、ウルブリヒトはその後六月一五日にも、記者会見でだれも「壁を建設しようとする意図は持っていない」と述べていた(*Neues Deutschland*, 16. 6. 1982)。

西側戦勝国、特にアメリカが壁の建設に対して、どのような反応を示すのかがソ連と東ドイツにとっては気がかりだった。そこで、フルシチョフは六月に、アメリカ大統領ジョン・F・ケネディーとウィーンで首脳会談をした際、再度、ベルリン問題解決のための最後通牒を発する。

ケネディーは七月二五日、第一に連合国の西ベルリンにおける軍隊の駐留権保持、第二に西側戦勝国が西ドイツと西ベルリンとを自由に通行できる権利、第三に西ベルリン市民の自決権を要求した。彼はこの要求さえ満たされれば、西側は事態をエスカレートさせないと暗黙裡《り》に伝えようとした。これは壁の建設を容認するという、ソ連と東ドイツへのシグナルとなった。

コラム① オリンピックと東ドイツ

日本のある世代以上の人びとには、東ドイツといえば、オリンピックでのスポーツ選手の活躍が記憶に残っているだろう。ソ連とアメリカと肩を並べるほどのメダルを獲得しスポーツ大国とみなされてもいた。

ソ連のメダル獲得数と合わせて、社会主義体制のほうがスポーツエリートを育てる環境が良いのではないか。経済力においても東側の先進国とみなされていたこともあって、東ドイツは驚異的な存在として映ったかもしれない。

しかしこのイメージはあくまで一九七〇年代以降の話でしかない。そもそも、東ドイツがオリンピックに初めて選手団を正式に派遣したのは一九六八年のグルノーブル冬季五輪、メキシコ夏季五輪だった。それまでは東ドイツは西ドイツと合同チームで参加していた。

両ドイツが独立した直後、西ドイツはいち早く国際オリンピック委員会からドイツ代表として自国のオリンピック委員会の承認を受けていた。当時、両ドイツは自国が正式なドイツであると主張する競合状態にあったことはすでに本書でも触れた。その影響がスポーツ分野にも及んだ。国際オリンピック委員会は一国一委員会という制度をとっていたため、当初、東ドイツの加入は認められなかったのである。

そのため、一九五二年のヘルシンキオリンピックには西ドイツの選手だけしか参加できない状況であった。東ドイツ側の抗議の後、国際オリンピック委員会が暫定的に東ドイツのオリンピック委員会を承認する。

一九五六、六〇、六四年のオリンピックは、ベルリン危機を挟みながらも合同チームを構成した。冷戦が激しい時にスポーツでは奇妙なことに両者は同じチームを構成していたのである。選手の選抜は両国合同の選考で行われた。ドイツの三色旗の中央に五輪マークがあしらわれたものが国旗として利用された。

一九六八年のオリンピックは、両国は二つのチームに分かれたものの、国旗に代わるものとして従来通り共通の旗と、国歌の代わりにベートーヴェンの交響曲第九番が用いられた。同年一〇月、国際オリンピック委員会は東ドイツのオリンピック委員会の正式加盟を認めて、その後は単独で選手を派遣する。

オリンピックは東ドイツにとって国内的には国威発揚の機会、国際的にはプレゼンスをアピールする場となった。

一九七六年のモントリオール・オリンピックは、メダル獲得総数は九〇個に及んだ。そのうち、四〇は金メダルという快挙であった。獲得数はアメリカを超えた二位に位置し、「東ドイツ・スポーツの奇跡の国」とも称された。東ドイツの選手は「スポーツ・ジャージを着た外交官」であり、海外の人びとには東ドイツの国歌のメロディーがドイツであるとの印象を与えるのに寄与した。

このオリンピックで女子水泳は一〇個を超える金メダルを獲得した。その際のインタビューでは女性にもかかわらず変声が認められ、東ドイツ国内からも「化学」が勝利に手を貸したという声が聞かれた。

スポーツジャーナリストは、ドーピングに気づいていたが、扱うことはタブーとされるテーマであった。ドーピングが国ぐるみで行われていたからである。東ドイツでは長年にわたって、スポーツ科学のいくつかの分野では、薬物を使用してトレーニングの効果を持続させ、さらなる効果を引き出そうとする研究がなされていた。

役人、トレーナーそして医師は選手の健康被害がわかっていながら、ドーピングを熱心に行ったといわれる。選手にとっても、海外への渡航の機会が与えられ、教育や就職で優遇を受けることが期待できるためにドーピングは必ずしも否定されなかった。しかも、選手の側は健康被害の可能性を認識していなかった。

東ドイツのスポーツ選手養成は、幼年期から体操スポーツ連盟の下にあるスポーツクラブで育成がなされ、スポーツ大会で選抜が行われていた。そこで活動する子供たちに、栄養剤と称して注射や錠剤の服用などによるドーピングが知らされずになされていた。その健康被害はドイツ統一前後に明らかになった。

現在でも、東ドイツ時代のトレーナーがそのまま指導者になっている場合には、たびたび過去が問題になり、メディアでも取り上げられる。

ドーピング問題も冷戦における東西競争の一端を示すものである。西ドイツでも、成果を出せば賞金なりの報奨をもらえるという動機から、ドーピングに手を染めた選手もいた。そして、現在でも、スポーツとドーピングのいたちごっこは決してなくなることはない。

コラム② シュタージ

シュタージは、社会主義統一党体制に抵抗する国民の監視を主な任務として発足した。国家保安省の国家保安、シュタートジッヒャーハイト（Staatssicherheit）を略して、シュタージ（Stasi）と呼ぶ。発足当初の一九五〇年には、正式人員は約一〇〇〇人を擁していた。この組織はその後、専従職員、非専従の協力者も含めて、一九九〇年に廃止されるまで一貫して増員され続けた。その数は専従職員約九万人、情報提供者である非公式協力者（ＩＭ）は、約一七万四〇〇〇人にまで及んだとされる。反対派の監視のみならず、職場での生産活動の様子や、消費財の不足に対する不満の声の収集も行った。

実際の報告は、反対派や不穏分子とされる人びとへの特定の監視を別にすれば、企業現場から上げられるものや国民戦線をはじめとした大衆団体、一般の行政組織が収集したものとそれほど違いがあるわけではない。

シュタージは人びとにとって恐れられる存在というよりも、普通に存在しているものであった。人びとの間で彼らは「盗聴と拘束のための人民所有企業」と揶揄《やゆ》された。そもそも監視対象は恣《し》意的に選ばれるため、社会主義統一党の支配体制そのものへの信用性を失わせる結果になった。

そのシュタージが収集した資料は、現在では連邦政府直属の旧東ドイツ国家保安省文書のための連邦委託管理団体（BStU）と呼ばれる組織が管理している。この組織は博物館運営と政治教育も行っており、シュタージの諜報活動はナチ支配と並ぶ「不正国家」の典型的な活動を示すものとして位置づけられている。

この団体が管理する文書については、本人が当時監視されていたかどうかの確認を求め、記録が発見されれば実際に見ることができる。ベルリンのリヒテンベルクにある本局の他、旧東ドイツ域内にも文書館がある。また許可に日数がいるものの、申請をすれば研究目的での閲覧も可能である。

近年、筆者も旧ロストック県のシュタージ文書にアクセスする機会をえた。郊外の小さな文書館で、もともとはシュタージの武装組織が駐屯していた場所を訪ねた。そこには防空壕の跡もある。入り口では毎日、パスポートをチェックされ、携帯電話の電源を切りロッカーに入れねばならない。パソコンは通信機能を切れば利用が許可される。基本は、アーキビストが用意してくれる史料を読む。個人情報と思われる個所にはあらかじめ、黒塗りをしてある。ただ、そうはいっても日本の公文書開示と違い、真っ黒に塗り潰《つぶ》されているわけではない。そもそも見せられない史料は出てこない。

シュタージをめぐっては、統一後に判明した非公式協力者の存在が問題となった。著名人の例として、ブランデンブルク州首相を務めたマンフレッド・シュトルペを挙げてみたい。彼はシュタージ内で「書記」というコードネームが付けられ教会内の情報を流す協力者として活動した。その一方で、彼は反対派をはじめ逮捕者、服役者といった人たちへの支援もしている。統一後、そのことが判明したとき、彼はシュタージに協力することは自分の政治的な目標を達成するための行動であったと弁解した。また、シュタージと関わりのある人にはそのような意識を持つ人も多かったとも証言している。

彼のいう政治的な目標をどのように解釈するかで、教会における非公式協力者に対する評価はいかようにでも変化する。教会は裏では反対派の過激化を防ぎ、当局の決定的な介入を抑えることができた。それゆえ、反対派の継続的な発展、ネットワークの構築に寄与することになったとも評価できなくもない。

ただそれ以上に、教会自体の組織防衛の必要性からシュタージを含めた権力側との関係性を重視せざるをえなかった点を忘れることはできない。さらには、非公式協力者となった人物は、自らが生き残るために協力が必要だったと見ることもできる。

統一後にはシュタージの非公式協力者であるからといって政治的なキャリアを犠牲にすることなく、生き残ることができた人がいる一方で、同じ状況にあった人でも批判を浴びて表舞台から退場せざるをえなかった人もいる。その線引きは非常に恣意的であった。

筆者自身にとっても、シュタージの非公式協力者に関わる問題は他人事《ひとごと》ではすまされなかった。東ドイツの研究の嚆矢であるヘルマン・ヴェーバーとマンハイム大学で肩を並べて研究していた人物がいる。あるとき、その人物（あえて人名は避ける）は、シュタージの非公式協力者と判明した。ヴェーバーや筆者のドイツでの指導教授ら同僚の情報を渡していたという。

その人物はその責任をとってマンハイム大を離れた。彼が研究所を去るとき、助手が段ボールを運ぶのを手伝う以外はだれも見送るものはいなかったと、筆者をドイツの指導教授に紹介してくれた日本の先生から聞いた。しかし、ドイツ人であれば、身近な人がシュタージの協力者である可能性を受け止め生活していただろうとも、言い添えられた。

そして、その人物の論著については、ドイツの指導教授との関係を考慮してくれぐれも注意をして扱うようにとアドバイスをもらった。

東ドイツを直接知らない日本から来た若い研究者にとっても、シュタージは身近な存在だった。

第3章　ウルブリヒトと「奇跡の経済」——安定 1961‐1972

1　ベルリンの壁の建設

アンチ・ファシズムの防護壁

一九六一年八月一三日の未明、総延長約一六〇キロに及ぶ西ベルリンを囲む境界が突如として遮断された。この作戦を指揮した社会主義統一党のナンバーツーで国内治安問題担当書記であったエーリッヒ・ホーネッカーは、人民警察、国境警察の他、国家人民軍や企業の準軍事的な自警団までも動員した。

一夜にして、東西ベルリンを横断する道路網は分断され、有刺鉄線が引かれた。西ベルリンは周囲の東ドイツとソ連が管理する東ベルリンから完全に孤立する。毎日、仕事の関係で東から西ベルリンへ通う約五万人にのぼる人の流れも途絶えた。

人びとの多くはこの通行停止措置は一時的なものだと考えたが、本格的に壁が作られることになると考えた人は、国境線の警備が不完全なうちに西側へと逃亡した。社会主義統一党はそれを阻止するために、すぐさま境界線の警備施設を強化した。政治局は八月二二日には壁を越えようとする者に対して発砲を命じる決議を採択する。東ドイツ国内では政府の動きに対して、ストライキや労働争議といった抗議行動も生じたものの、壁は徐々にコンクリート製の本格的

ベルリンの壁の建設　(上)「自由へのジャンプ」と題された最も有名な逃亡者の写真。一兵士、コンラート・シューマンの西への跳躍　(下) 建設の様子

なものに変えられていった。

社会主義統一党はその後、この壁を〝アンチ・ファシズムの防護壁〟と呼んだ。表向き東ドイツは西ドイツと違い、ナチの過去とは切り離されたより良いドイツであると主張した。西ドイツにいるナチスが東ドイツに浸透するのを防ぐために必要なものであるというのが、壁の公式的な建設理由であった。

東ドイツで暮らす人びとは壁を越えられなくなると、この国で生きていかねばならないという現実を突きつけられた。彼らは、社会主義体制に適応しなければならなくなったのである。ただ、人びとはウルブリヒトが一九五八年七月、社会主義統一党第五回党大会で語った「西ドイツに追いつく間もなく、追い越す」という言葉を忘れることはなく、西ドイツ並みの生活水準が実現されて当然だと考えた。

情報遮断の試み

ウルブリヒトはそこで、その西ドイツの姿を見せまいとした。西側からの情報を遮断するべく、西ドイツのテレビ放送視聴への反対キャンペーンを始めた。この〝NATO（北大西洋条約機構）の放送に対抗する電撃作戦〟では、自由ドイツ青年団の若者を動員し、彼らに屋根から西ドイツの放送が受信できるアンテナを撤去して回らせた。自由ドイツ青年団を利用したのは、最も西側の情報に敏感である若者たちを牽制するためである。社会主義統一党の教育文化担当書記のクルト・ハーガーはこの西ドイツのテレビ視聴を「イデオロギー的な越境」侵略とみなし、これに対抗して「頭のなかのアンテナを正しくする」と文化同盟での演説でその意図を述べている。

それに対して人びとは逆に、見ているのは政治的な番組ではないと激しく抗議した。しかし、次のような声は実際には彼らが西の番組に親しんでおり、社会主義統一党にとって都合の悪い番組を見ている証拠でもあった。

西ドイツでは、自分の意思に沿って、すべての放送局を視聴できる。それなのになぜ私たちにはそれが禁止されているのか。私たちが見ているのは第二チャンネルだけだ。それは、私たちのものよりもきれいに映る娯楽番組やスポーツ番組である。(*SAPMO-BArch, DY30/2137*, Bl. 136)

また、ドレスデン県を中心にした、西側の放送電波が届かない〝無知の谷(Tal der Ahnungslosen)〟と呼ばれる地域では、地元の人民所有企業が受信電波の増幅器を不法に制作して販売していた。それが、党の政治局レベルで問題視される。その後、人びとは屋根裏にアンテナを隠して、西側の放送を視聴するようになり、このキャンペーンは失敗に終わった。

徴兵制の導入と〝建設兵士〟

社会に対する締め付けは防衛政策にも現れた。社会主義統一党は若者の逃亡をさらに引き起こすと考え徴兵を躊躇していたが、壁の建設で恐れる理由がなくなった。一九六二年には徴兵法が制定されて、これにより一八歳から五〇歳まで男性が徴兵に応じる義務を負った。最初に召集される期間は一八ヵ月に及んだ。

この政策は、キリスト教徒で平和主義の立場をとる若者が兵役を拒否する事態を招いた。西ドイツでは良心的兵役拒否が認められているため、両ドイツのどちらが優れているかという体制間の競争関係のなかで、兵役拒否者の人権を無視することはできなかった。そのため、武器をとることはなく、もっぱら施設建設に従事する〝建設兵士〟の制度を創設した。

東ドイツの兵役拒否と一九八〇年代の平和問題との関係を検討した市川ひろみによれば、この制度は国内で存在が公表されていなかったため、徴兵前に知る者はほとんどいなかったとされる。そして、若者は徴兵の際に自ら武器をとることができないと表明した場合にのみ、建設兵士の部隊へと配置された。なお、建設兵士になることを選ぶ人は毎年、約一〇〇〇人弱で徴兵検査を受けた人数の一％にも満たなかったとされる。

〝生産動員運動〟の失敗

ベルリンの壁の建設は、これまで踏み出すことができなかった重工業建設を最優先にするソ連型の経済政策を実施する機会を与えた。しかも人びとが西ドイツへ逃げられない状況のなかで、労働生産性を高めるためにノルマの引き上げも容易にできると考えられた。

ウルブリヒトは「同じ予算、同じ時間内により多くの生産を」というスローガンを掲げて生産の予定納期を一五%短縮する〝生産動員運動〟と呼ばれるキャンペーンを実施したのである。

しかしこの運動は一九六三年までの二年間、目標ノルマを達成できないどころか、逆にストライキやサボタージュが生じるという惨憺《さんたん》たる結果に終わった。ベルリンの壁建設前の六〇年には、すでに成長率は八・二%とそれ以前よりも低下していた。そして六一年、七・二%を予定していたところ五・九%へと急速に鈍化した。五八年に策定した七ヵ年計画の成長目標には、もはや届かないことは明白となったのである。

この一九六一年は運が悪いことに気候が芳しくなく、そのうえ生産協同組合が集団化完了後の組織構造の変化にうまく対応できなかったために、深刻な凶作となった。前年度比で穀物収量は二五%、ジャガイモに至っては四五%以上減少した。飼料用のカブラや甜菜《てんさい》を欠く状態となり家畜頭数も減少する。食料品のうち、肉やバターには消費者カードが導入され、事実上配給制が復活した。

政府は、食料品を含めた消費財全般の値段を上げざるをえなかった。また、工業製品は外貨獲得のため質の良いものは優先的に輸出へと回され、国内では、靴や衣服、繊維製品は質が悪い製品でさえ不足した。この事態は人びとの労働意欲を削いで生産性の低下を招き、それがさらに不満を増大させる。

食べられぬ者、働くべからず〔働かざる者、食うべからずの逆〕。共産主義者よ、もっと我々が食べられるようにしろ。六月一七日をもう忘れてしまったのか。（*SAPMO-BArch*, NY4182/968, zitiert nach André Steiner, *Von Plan zu Plan*, S. 128）

東ドイツの人びとは、典型的な労働強化キャンペーンを実施して、社会主義モラルといったような精神論を掲げるだけではもはや納得せず、労働英雄を作り出して人びとを動員しても効果はなかった。人間一人ひとりが物質的な恩恵を実感できなければ、労働モラルを高めることはできないことが明らかになった。

東西世界のはざまで

東ドイツはベルリンの壁建設前に、西ドイツから通商協定の破棄を通告され、深刻な経済的打撃を受けた。西ドイツへの経済的な依存が痛感され、それを減少させねばならないと認識された。そのため社会主義統一党は〝障害除去〟を掲げて、金属・化学・冶金産業に関係した特殊製品を西ドイツに代わって、東欧諸国とりわけソ連との取引で賄おうとする。

これまで西ドイツと共通であった工業製品規格ＤＩＮは廃止され、ソ連のＧＯＳＴ規格に準拠して製品が作られる。またそれまでは輸出入の拠点港として西側のハンブルクを利用していたが、ロストックに外洋港を整備する。そのための費用も合わせて多額の投資が必要となり、経済生産への直接投資額は減少した。

もっとも東ドイツは、ベルリンの壁建設後も東側ブロックに経済的に深く統合されつつも、西側との関係も切れなかった。一九六一年から六三年にかけては、西ドイツならびに西側諸国との貿易は減少したが、長くは続かなかった。六四年には、東欧諸国からは資源や食料は十分な量を確保できず、西ドイツを含む西側からの輸入量は増大に転じる。しかもこれ以降は、西側の技術なしに東ドイツ産業の現代化は図れなくなっていった。

ひるがえって頼みの綱のソ連からは、壁の建設前から経済的な自立を求められていた。実際一九五〇年代終わりから六〇年代にかけて、ソ連は世界市場価格よりも安く東ドイツに資源を売り、間接的な支援をしていた。それが期待できくなりつつあった。

壁構築後のウルブリヒトのドイツ政策

ベルリンの壁建設は、東ドイツがこれまで唱えてきた、東西ドイツの代表者が話し合って統一を実現するという、西ドイツに向けたドイツ政策の破綻《はたん》をも意味していた。ウルブリヒトは、経済発展を通じて、東ドイツが主導する形でのドイツ統一を目指すという論理を打ち出す。

そして、一九六二年六月一七日、ドイツ統一のプロパガンダを担ってきた国民戦線は、その総会において、ドイツには「二つの国が敵対しながら存在している」と発表する。彼らは東ドイツこそが正当な国家であり、ドイツ統一は西ドイツにおいて「平和愛好的な勢力が帝国主義を克服した」ときにのみ可能になると主張した。

結果として、ベルリンの壁建設とその後の政策は一九五三年の六月一七日事件と並んで、社会主義統一党の指導者たちに、人びとの日常生活を無視した経済政策は実行できないという教訓を与えた。その一方、東ドイツの人びとは政治的な要求ではなく経済的な利益を求めるようになり、両者の間には、日常生活の改善を重視するという目に見えない妥協が初めて成立した。ベルリンの壁の建設は、東ドイツにとり「第二の建国」と呼びうる出来事となった。

ソ連とはベルリンの壁建設をめぐってすれ違いが生じた。フルシチョフは冷戦で西側に対して有利な立場に立とうとして、国際的な立場が不確定であることによって紛争が起こりやすいベルリン問題と東ドイツを利用した。ただ、ベルリン問題が激化することで必然的に表面化する東ドイツの脆弱性を支えるまでの意欲はなかった。

一九六一年一一月、ウルブリヒトは「ソ連との友好と緊密な協力のなかで東ドイツの社会主義を勝利へと導き、共産主義の建設へと進む」と説明している。しかし実際には、両者の間には隙間風《すきまかぜ》が吹くようになっていた。東ドイツは、ソ連には政治外交的に従属することを求められながらも、経済の自立を図るために改革に乗り出さねばならなくなる。

2　計画と指導の新経済システム

経済自由化

一九六〇年代初めのソ連では、これまでの経済システムが非効率的ではないかとの議論が出されており、政府が果たす経済的な役割を限定して、各企業に経営の自主裁量を委《ゆだ》ねるかどうかが議論されていた。

エフセイ・リーベルマンが打ち出したこの経済改革案の導入はソ連では見送られたが、それを採用したのが東ドイツだった。改革案の核心は中央集権的な経済管理体制を改める点にあった。これまでの生産量を達成することばかりに着目していた経済計画を見直し、企業があげる収益性によって評価すると定めた。また、製品価格も計画時に決定するのではなく、実際のコストを反映して計算するとした。

一九六三年一月、社会主義統一党第六回党大会は、正式に「計画と指導の新経済システム」(NÖSPL)と呼ばれる一定の経済自由化の方針を決定する。

これまで各企業の生産について具体的な数値までも立てていた国家計画委員会(SPK)は、その生産計画に関わる品目数を絞り込み、その代わりに中期計画の策定を担うことになる。また、一九六一年に新たに設置されたもう一つの中央組織、国民経済評議会(VWR)は経済計画の遂行についての管理機能を担う。こうして、中央政府が果たす役割は限定され、代わって各企業をとりまとめる人民所有企業連合体に、傘下企業への監督や生産計画に関する権限が委ねられた。

実際の生産活動においては、原材料のうち主に輸入に頼る希少資源は中央からの割り当てを受けたが、それ以外の資源は各企業が自己調達するとされた。これまでは経営活動によって企業があげた収益はいったん国庫に回収されて、その後に次年度の予算の割り当てを受けていた。この仕組みが変化し、各企業は経済活動でえた利益を手元に残すことができるようになった。

企業はこの利益を産業構造の現代化と生産性の向上のための設備投資に利用してもよく、また労働者へのボーナスにして生産活動に向けてのやる気を引き出す手段ともなった。いわば、これまでの労働者の社会主義的な意識を高揚させれば、生産性が高まり業績が向上するという精神論からの脱却を目指したのである。

この改革は市場経済の導入までも見据えたものでは決してないものの、コストを意識した生産を行うという従来の経済運営では無視されてきた点が重視された。

経済改革の現実の姿

この改革が成功するかどうかの鍵は、商品の価格改定ができるかどうかにあった。これまでの商品価格は需給バランスを考慮したものではなく、政治的な判断で決まっていた。商品価格が自由に決定されなければ、需要に合わせて商品を生産し利益をあげることはできない。しかし、需給バランスに基づいて値段が決定されるものは例外であるべきと考えられ、市場価格の自由な設定は認められなかった。

また、各企業は設備投資には乗り気にならなかった。企業は投資をしたとしても、そこから直接利益をえることはなく、設備を更新したとしても、それを価格に反映させせられるわけではないので手持ちの運転資金を減少させかねない。それゆえ、現状の設備レベルでの生産性の向上が図られたとしても、それには限界があった。

一般の労働者の受け止め方は、批判とも肯定ともとれないあいまいなものだった。企業が生産性向上と業績上昇を一方的に要求すれば、彼らにとっては実質的な賃金低下を招くものの、もし利益が自らに分配されるならば豊かな生活に近づく機会となる。実際、ウルブリヒトは「良いもののために良い仕事をなす」べきだと訴えており、給与所得の上昇を期待する向きも多かった。

この経済改革の成否を決めることになる価格改定は、一九六四年から六七年にかけて実施される。その第一段階から第二段階にかけては企業間取引価格の改定であり、コストに見合った水準への値上げがなされた。

問題が生じたのは価格を小売りに転嫁する第三段階であった。本来ならば、これまで安価に維持されてきた消費財に対する国庫からの補助金を廃止しなければならないはずだった。しかし、基礎消費財の値段の引き上げは、人びとの不満を増大させ、体制を不安定にするとの理由から拒否された。小売価格の改定がなされない状況では、企業が手に入れる利益は、回りまわって国庫からの補助金という事態を招きかねない。

もともと一九六三年の経済政策は、ソ連からの求めに応じて経済的な依存からの脱却を図ろうとしたものである。化学産業、とりわけ石油化学が優先的な産業分野と指定された以外に、機械・電気・電子産業や、その前提となる冶金業への投資が増やされた。

一九七〇年までの展望計画によれば、毎年労働生産性を七・四％上昇させる予定になっていた。実際、改革の初年度である六四年には七％を達成したものの、翌年には減少に転じた。

新経済システムは、爆発的な経済成長を可能にはしないものの、ある程度の成果が見込める計画であり、実際の結果もそれに即したものであった。この経済改革はその後、社会主義市場経済を採用した中国と異なり、社会主義経済システムの根幹を変化させるような徹底的なものではなかったものの、以前の計画経済と比較すれば、十分な結果を残している。

経済政策をめぐる党内の対立

社会主義統一党内ではウルブリヒトが経済政策に対する全権を掌握し、その下で若手の経済官僚と目されたエーリッヒ・アーペルやギュンター・ミッタークがこの改革を主導した。

それに対して党のなかで以前から経済部門を管轄していた旧世代に属する人びとは、新しい方針が社会主義統一党の経済や社会への指導体制を揺るがすのではないかと恐れた。政治の経済に対する優位を乗り越えることができなかったために、価格改定における消費財への価格転嫁に失敗した。

旧世代の保守派は、党内ナンバーツーであるホーネッカーと結んで巻き返しを図った。新経済システムが期待されたほどの成果があがっていないと問題視したのである。さらには、ソ連との間では一九六五年の経済交渉で東ドイツにとって不利な状況を改善させられず、国家計画委員会は対外交易と国内投資のバランスをどのようにとるのか、明確な答えを持ち合わせていなかった。

アーペルは批判の集中砲火を浴びてその後自殺し、ミッタークも沈黙せざるをえなくなった。ウルブリヒトは一九六五年一二月、第一一回中央委員会総会において経済改革を擁護する必要に迫られ、年明けから新経済システムの第二段階への移行を宣言する。これまで中央における企業監督のまとめ役であった国民経済評議会は解散され、代わりにソ連を模倣して産業部門ごとに省が設置された。経済運営の再集権化が図られたのである。

楽観的ないしは無謀な目標

その後、一九六七年四月、社会主義統一党第七回党大会では、ウルブリヒトは経済改革の第三段階として社会主義経済システム（ÖSS）を打ち出す。彼は加速する科学技術の進歩に適応する経済投資方針を立てた。当時、世界的に急速に発展し始めた電子工学分野やコンピューター産業、これまで重点産業とされてきた化学、機械生産分野に集中的な投資を行うと決定する。これらの分野については、国家主導の経済体制を強化するとした。

ただ、その他の産業については、企業経営責任者は引き続き裁量を維持した。国に収益を納める必要はあったものの、その一部については自由に利用できた。

ウルブリヒトは、これまでの改革そのものの成果には自信を持っていた。それゆえ、彼は一九八〇年までに、西ドイツに生産性そして生活水準レベルで〝追いつき、追い越す〟という楽観的すぎる、ないしは無謀ともいえる達成目標を五〇年代後半に続いて再度掲げたのである。そのために七一年から七五年にかけての展望計画では、工業労働生産性上昇率を年間八・五％に設定する。

国家計画委員会は、自らが立てたこの目標値は達成可能であると一応は評価していた。それと同時に「決定的に重要となる産業分野で世界最高水準の業績をあげ」、オートメーション化を実現し、国民の生活水準を向上させて、さらには国防力も高めたいと考えるのは、「途方もない大きな課題」であるとも述べている。彼らは事実上、目標が達成できないときの予防線を張っている。一九六一年から七〇年にかけて、確かに、東ドイツ経済は成長しているものの、労働生産性は西ドイツに劣っており、この目標は達成不可能であった。

また党指導部は年間の経済成長率を一〇％、ウルブリヒト個人に至っては年間一〇から一二・

五％の目標を求める。彼は前倒しで一九七七年から七八年にかけて西ドイツに追いつこうと考えた。

そのため、これまでのように企業の自主性を尊重するよりも、国家の企業への統制を強化した。逆に、重要産業以外は自主性があったとしても、資金不足に悩まされ停滞は免れなかった。一九六三年から六九年にかけては、企業での労働争議の数は減少していた。それが、七〇年に入って一転し、「紛争や特別の事態が著しく増加した」と労働組合総同盟は報告をあげるまでになる。

エネルギー供給、建築、部品供給さらには交通流通部門での投資が極端に少なくなった。製品の搬入遅れは一九七〇年一〇月には、約六・六日分の生産量に相当するまでになり、党内保守派の経済改革見直し要求は高まる。この危機に対応するため、各産業省がそれぞれの担当する企業に直接介入した。こうして一九六三年から実施された新経済システムは、骨抜き状態となったのである。

農業の機械化と専門化

社会主義統一党は農業の集団化がほぼ完了したこの時期以降、農場や村落の改造を推進した。特に力を入れて取り組んだのが、畜産業の工業産業化であった。その代表的な例として挙げられるものが、ベルリン郊外のケーニヒス・ヴスターハウゼンの他、全国の都市近郊一一ヵ所に作られた養鶏コンビナート（KIM）である。食肉供給の安定を図るために、ここで作られた鶏肉と卵がそれぞれの都市に供給された。

このコンビナートでの生産が軌道に乗ると、その鶏肉を利用したレストランチェーン〝ゴールドブロイラーへ〟（Zum Goldbroiler）の営業が始まる。このレストランの営業には、日常生活の豊かさを示す意義もあった。しかも、鶏肉生産は、ソ連からの食料輸入量が不作の影響があって減少しているなか、それを補う役割も期待された。

また、農業生産協同組合の規模を拡大し企業化することで、生産力の増大が目指される。一九六八年末には、完全な共同経営となる三型の農場は全体の二三％にまで増加し、ソ連のソフホーズに相当する国営農場である人民所有農場（VEG）も二四％に達していた。

また一九六七年からは、各農場で特定の農産物のみを生産する専門化が始められる。生産量の増大を目指して畜産と農作物生産を分離し、近隣の農業生産協同組合同士で同じ部門を統合しようとした。これは従来の農村の人間関係を無視する改変であり、農民からは抗議の声が多くあがった。しかも実際には生産量が増えるということはなかった。

東ドイツ北部三県における一九六〇年代以降の農業史研究を行ったミヒャエル・ハインツによれば、社会主義統一党が目指したものは、農村の都市化であり、それによって都市と農村との間に存在する生活水準の格差を克服するという理想があった。また人口が希薄な農村地域で人びとの居住地を集約して、そこに都市型のアパートを建設する。これは農村への経済投資の節約と表裏一体の関係にあった。モデル農村となったのは、ノイブランデンブルク県のフェルディナントホーフやデデロウであった。農民には農場に雇われる労働者として、工場労働に似た働き方が導入される。

その後一九六〇年代には、総じて問題なく食料は供給されていたものの、六九年から七〇年にかけては厳冬となり状況が変わった。農業生産は支障をきたし、飼料やパン用の穀物、食肉生産が落ち込んだ。

デデロウの様子

東ドイツ社会主義の独自性

ベルリンの壁が建設された後、一九六〇年代半ばになると、一方的な統制や暴力を使った政治犯の取り締まりは減少した。

そもそも、社会主義統一党は人民議会選挙や地方選挙ないしは労働組合の選挙など、公的代表者を選出する際には、工場の購買所をはじめとした場所で一時的に物資供給量を増やして、人びとの歓心を買おうとしていた。

そればかりか、ウルブリヒトはベルリンの壁建設後には体制の安定を図るために、社会からの声を拾おうとして、一九六一年に請願法を制定する。人びとはこれまでも大統領府である国家評議会をはじめとした政府機関に直接、自らが抱えるさまざまな問題について意見を投稿していた。これ以降、その請願には必ず当局からの返事が義務付けられる。

この時期には、東ドイツ社会では社会階層の分化が生じ、旧来の工場労働者の生活状況の改善を中心とした政策を展開するだけでは、支配の正当性を主張しづらくなっていた。そこで社会主義統一党は、一九六三年、新経済システムを採択した第六回党大会において、工場労働者以外の人びととのつながりを積極的に主張するため、これまでの労働者の党という規定に加えて、自らを全勤労国民の党と表現した。新経済システムが目指す経済改革では専門職の需要が高まり、現実問題として、最新の科学技術をいかにして利用できるのかに経済発展の成功はかかっていた。

そのうえで、一九六七年の第七回党大会では、社会主義の意味には従来とは異なる意義づけがなされる。これまでの説明では、社会主義は共産主義に至る過渡的段階であると位置づけられてきた。しかしこのとき、ウルブリヒトは社会主義を「〔共産主義に至る前の〕相対的に自立した社会経済的形態」であるとして、この段階に東ドイツが位置していると説明した。彼は経済改革の成果に自信を深めており、東ドイツは社会主義体制のなかでも先進的なモデルになりつつあると考えた。

ウルブリヒトは人びとが現実の社会内に存在するさまざまな利益対立を乗り越えて、社会主義の発展に積極的に参加するはずとの期待を持った。くわえて、これまでの労働現場を中心とした政治動員が効果を発揮しなくなるなかで、人びとを居住地域レベルで統合しようと考えた。その一環として、ソ連の勤労奉仕活動〝スボートニク〟を模倣して一九五〇年代から実施されていた町の道路整備や公共施設建設への動員キャンペーンである〝国民建設活動〟（NAW）を改組する。

一九六七年以降、毎年一〇月七日の建国記念日を中心にして、休日に町や村単位で美化運動や街路の修繕をするボランティア活動への動員が図られた。「われらの美しい町と村、共に作り上げよう」とのスローガンのもと実施されたこの〝マッハ・ミット運動（Mach-Mit Bewegung）〟は、国民戦線と町の行政組織が主体となって人びとの組織化を図った。人びとはボランティアに参加して、町の行政に関わるようになり、地域や居住地域に関する身近な問題について直接要望をあげるようになった。

さらに社会主義統一党は、世論動向を把握する努力もする。一九六四年には、党中央委員会直属の世論調査研究所が作られ、社会経済問題ばかりか、政治的には非常に繊細なドイツ統一問題やナショナル・アイデンティティー、東西ドイツに対する現状認識に関する調査までも実施された。この調査は、正確な現状を知るために、だれが書いたのかわからない匿名性を担保している。さらに六六年には、ライプチィヒに中央青年研究所が開設され、ここでも社会学的な世論調査が実施される。

この間、労働組合をはじめとして社会主義統一党の政策を忠実に実行する伝動ベルトとなっていた各種大衆団体では、単に動員をかけるだけでなく、現場で政府批判の声を拾い集め、上に報告していた。また、大衆団体に届けられた請願についても、関係各所と連絡を取りつつ返事をした。場合によっては構成員の声を利用して、政府や社会主義統一党に対して声を上げ、事実上、利益団体化する場面もあった。

マッハ・ミット運動

その後一九六八年には、権力分立を規定したヴァイマル憲法に基づいた四九年の憲法は、社会主義統一党の支配体制を反映するものへと変えられる。この通称〝ウルブリヒト憲法〟は、第一条で、社会主義統一党の東ドイツにおける指導性と社会主義の実現を政治目標として掲げた。国民の権利についても書かれており、なかには社会福祉に関しては全住民に保養の権利を認めるといった先進的とも見られる条項も存在する。ただ、第五四条で、自由・一般・平等・秘密選挙を謳ってはいるものの、統一リスト方式での選挙には変わりはなかった。

建国から二〇年を迎え、人びとは政府や社会主義統一党の行動を予測し、自らの利益を実現しやすくする立ち回りを次第に身につけていった。メアリー・フルブルックは、人びとの行動パターンが政治との関わりのルーティン化をもたらし、極端な変化を日常で被ることはなくなったと指摘して、この状況を「正常化」と呼んだ。

3 東ドイツ社会の豊かさ

耐久消費財の普及

一九五〇年代の計画経済の導入期と六〇年代の新経済政策期との違いは、安定的な経済成長を受けて、人びとが豊かな生活に期待を持った点にある。

新経済システムの結果、労働者の平均月収は一九六〇年の五五七マルクから、七〇年には七六五マルクへと増加した。給与上昇率は六三年から六七年にかけては年四%を記録する。ただ同時に、社会階層間における所得格差が広がることにもなった。そのため、最低賃金は六七年には二二〇から三〇〇マルクへと引き上げられた。

この経済改革では、現金収入の手段を増やすボーナスが、人びとの労働生産性を高めるために重要な意味を持った。そのため、このボーナスは以前とは異なりだれもが手に入れられるようになる。

その額は一九六三年から七〇年にかけて、月当たり二一から五四マルクへと上昇した。六七年以降、このボーナスは徐々に四半期ごと、ないしは期末にまとまった形で支給されることになり、可処分所得として意識される。この間も基礎消費財の物価の上昇は抑えられている。

人びとの目は耐久消費財の購入へと次第に向き、その普及が進んだ。一九六〇年から七〇年にかけて白黒テレビの普及率は一〇〇戸当たり一八・五から七三・六台に、冷蔵庫は六・一から五六・四台に、洗濯機は六・二から五三・六台へと上昇した。また、自家用車の普及もこの時期から徐々にではあるが進み始めた。七〇年にはその保有家庭数は、一〇〇戸当たり一五・六台となっていた。代表的な自家用車はトラバントやヴァルトブルクの他、ソ連のモスコビッチやジグーリ（フィアット124）、チェコスロバキアのシュコダなどがあった。しかもすでに多くの人が車購入の予約をして、納入を待っていた。

社会主義統一党も工業製品の消費を積極的に促そうとした。それもあって、耐久消費財に対する需要は増加しながらも、供給が追い付かないという事態に陥っていく。

しかも、その値段は高止まりするどころではなかった。一九六五年時点でテレビの値段は二〇五〇マルク、冷蔵庫と洗濯機は一三五〇マルクした。トラバントの値段は約八〇〇〇マルクにのぼり、予約から納入までの待機時間は約八年に達した。その値段は年間二・五％、後年には三％以上上昇していく。

耐久消費財の普及状況

	1955	1960	1965	1970	1975	1980	1985	1987
自家用車	0.2	3.2	8.2	15.6	26.2	38.1	48.2	52.6
オートバイ	10.8	12.7	16.5	19.4	19.5	18.4	18.4	18.4
冷蔵庫	0.4	6.1	25.9	56.4	84.7	108.8	137.5	152.1
洗濯機	0.5	6.2	27.7	53.6	73.0	84.4	99.3	104.6
テレビ	1.2	18.5	53.7	73.6	87.9	105.0	117.6	121.6

100世帯当たりの数を示す

商品の包装や梱包《こんぽう》といった点は、なおざりにされがちだった。人びとは西ドイツの消費水準を消費生活の比較対象として意識していたため、東ドイツの商品に対しては質と量の双方で満足しなかった。

特権商店

東ドイツの人びとは多少購買力があっても、買える商品がないという状況に置かれた。そこで、彼らは手軽に買える商品に手を伸ばした。全消費のうちで三割を占める食料品の購買割合が減少せず、欲しいものがないために貯蓄額が増えて以前の約三倍近くに及んだ。

この余剰購買力を吸収するため、一九六二年には、高所得者を対象にしたイクスクイジットラーデン（Exquisitladen、高級商店の意味）が登場した。この商店では西側への輸出に回されるような高品質でモードを追求した衣料品、西側からの輸入品を購入することができた。

また同年、西ドイツマルクをはじめとした外貨でのみ商品の購入が可能なインターショップ（Intershop）が作られた。そこで扱われる商品も、西ドイツをはじめとした西側の衣服や食料品であった。この店は最初に、東ドイツ最大の外洋港があるロストックに設けられる。この町は船員が多かったため、彼らの所有する外貨を吸い上げようとした。その後、インターショップは一九八九年までに東ドイツ全土で四七〇店を数えるまでに増加した。

また、一九六六年には、高級食品や嗜好品《しこうひん》を扱うデリカートラーデン（Delikatladen、美味な商店の意味）が設置された。一般の購買所で扱われる標準商品の約二倍から三倍の値段が付けられた商品がここの店頭に並んだ。

これらの商店は東ドイツで生じた物不足に対応することができた。しかし、人びとに不公正を意識させることになる。イクスクイジットラーデンやデリカートラーデンを利用できない多くの人びとから〝ウルブリヒトの高利貸し商店〟と口々に語られるほど評判は悪かった。なお西ドイツと比較した場合、経済成長率にせよ平均購買力にせよ、大きく後れをとっていたことは疑いない。東ドイツの人びとの可処分所得は、実は西ドイツの半分から六割程度にしかならなかった。

余暇時間の増加

この時期、人びとにとって最もよく生活の豊かさを実感できるようになった指標は、労働時間の削減であった。一九六六年から六七年にかけて週休二日制が導入され、このとき同時に、最低有休日数は一二日から一五日へと増加した。これも西ドイツとの競合を意識した結果である。

余暇時間が増えて一九五〇年代までの職場中心の社会生活に代わって、家族や親せきや友人、さらには隣近所といった居住地域での人間関係がその意義を増した。

一九六〇年代は、現在、「奇跡の経済」（Wunderwirtschaft）の時期であったといわれる。これは西ドイツの五〇年代半ば以降の「経済の奇跡」(Wirtschaftswunder)をもじった言葉である。現代的な生活スタイルとして考えられるものが東ドイツ社会にも浸透し始めたといえる。

女性の家事労働

消費生活が改善され、掃除機や洗濯機といった耐久消費財の普及が進むと家事労働の負担は軽減され始める。その家事労働を家庭で担っていたのは女性だった。家事労働時間は西ドイツでは平均五時間で、それと比べると若干少なかったものの、東ドイツでは一日当たり四・六時間に及んでいる。当時男性は一九五〇年代までの意識を引きずっており、夫は家事労働をしないというのが当たり前の状況にあった。

一九六一年一二月二三日、社会主義統一党政治局は、「女性―平和と社会主義」と題するコミュニケを発表した。「女性が従来以上に社会主義の建設に役立つようになる」と、労働力としてのさらなる動員を狙《ねら》った。社会主義統一党は従来、女性が社会のなかで労働力としての役割を本格的に担っていながらも、彼女たちへの協力がなおざりであったと反省する。そして、女性の社会進出をより積極的に推進すると述べた。

ただ、このコミュニケを出した当の社会主義統一党の政治局には、女性の政治局員はいなかった。政府にあっても、女性大臣はほとんどおらず、一九六〇年代末には、ホーネッカーの夫人、教育相のマーゴット・ホーネッカーただ一人となる。国家の中枢で影響力を持ち、女性の目線で政治を論じる政治家はほとんどいなかった。

しかし、現場レベルでは多くの女性が就業しており、就業可能な女性のうちほぼ七割がすでに労働現場に出ていた。それは全工業労働現場で三五〇万人、就業率は四三・九％に及ぶ。一番女性の雇用が多かった繊維産業ではその数は七二％を占めている。

社会主義統一党がこのコミュニケで見据えていたのは、女性の職業能力の開発だった。彼女たちを単純労働者ではなく、職業教育や高等教育を経て専門職として育成しようとしたのである。その際に最大の問題となったのが家事労働の負担の大きさであった。

女性向けの大衆団体である女性同盟は、一九六四年に初めて全国大会を開いた。そして、職業女性の家事労働負担の軽減のため、クリーニングや外食などのサービス施設の拡充、小売り網の近代化、学校給食の拡大などを求める。

確かに一九六〇年代には、女性の大学等の高等教育課程への進学者は大幅に増加した。ただ、政府の期待に沿うとするならば、女性は就業と家事の二重負担を背負うどころか、自身の専門教育のために三重の負担を被ることになりかねない。東ドイツには、女性の家事労働を軽減するため、家庭がある女性には月に一度、家事労働のための日という有給休暇があった。しかし、それだけでは彼女たちの不満を解消できなかった。

青年と文化政策の自由化

経済改革による自由化は、知識人の文芸芸術活動を監督する文化政策にも影響をもたらした。知識人は、どこまでこの国が社会主義を実現できたのか、その到達点を問う作品を発表する。それは、人びとが抱くと思われる現実政治への不満を代弁し、政府を批判する性格も持った。

一九六二年には、詩人で西ドイツから移住してきたシンガーソングライターのヴォルフ・ビーアマンが、ベルリンの芸術アカデミーで、体制批判的な詞を発表することさえ許された。また、エルヴィン・シュリットマターの小説『オレ・ビーンコップ』や、映画化もされたエリック・ノイチュの『石の波紋』、女性作家クリスタ・ヴォルフの『引き裂かれた空』といった作品も社会に大きな反響を呼んだ。彼らは東ドイツの現実と社会主義の理想との落差を問題にした。これらの作品は決して反社会主義的ないしは、ブルジョワ的といった批判が当てはまるものではない。

また、青年の学校教育外での課外活動を管理しようとする青年政策にも自由化は及んだ。この政策の担い手である自由ドイツ青年団はそれまで青年層向けの催しを提供したり、国家や町の記念式典のパレードに動員をかけたりしていた。その一方的な働きかけが変化する。

一九六三年九月、社会主義統一党政治局は「若者を信頼し、責任を与えよう」というスローガンを掲げて、青年たちの自主性を尊重するという青年コミュニケを発表する。このコミュニケは青年自らが〝社会主義的な世界観〟を獲得することが要請されると述べて、社会主義体制に順応することを前提としていた。ここにもウルブリヒトの楽観的な姿勢を見ることができる。その自由化の最高潮ともいうべきものが、一九六四年、自由ドイツ青年団がベルリンで開催し西ドイツからの青年も参加した音楽フェスティバル、ドイツ会合であった。くわえて若者向けの音楽ラジオ放送番組DT64（ドイツ会合64から命名）が放送され始め、西側の音楽に対抗した東ドイツの若者ビート音楽を提供した。

むろん、青年政策の当局者は、若者が西側メディアに接して、アメリカのロック音楽から強い影響を受けていると危惧していた。その影響に対抗するため、新たな社会主義社交ダンスとしてライプチィヒの名前を冠した〝リプシ〟ダンスが考案された。東ドイツの音楽シーンを検討している高岡智子によれば、このダンスはフォークダンスと社交ダンスを掛け合わせたようなつまらないものであり、青年層は見向きもしなかったとされる。

実際のところ、一九六三年一月から四月にかけて、西ドイツのバンドのファンクラブに東ドイツから約三万八〇〇〇通にのぼるファンレターやサインの申し込みが送られており、ヨーロッパ全域に広く電波を出している民間放送局ルクセンブルク放送（RTL）には、東ドイツから約二〇〇〇通もの視聴者投稿がなされるような状況でもあった。

国民教育の面では、一九六五年二月に統一社会主義教育制度法が制定され、幼年期から高等教育に至る一貫した教育システムが構築された。以後、一〇年制の総合技術学校が初等教育から一六歳までの中等教育を担う。当時の科学技術の発展を背景にして、技術や実学を身につけることを重視した教育内容が編成された。

それと同時に、一五歳に相当する九学年以降には公民科が設置され、社会主義的な政治教育も実施する。この教育を通じて、生産労働を愛し実践する〝社会主義的人格〟の養成が目指された。東ドイツの教育は社会主義統一党による統制を非常に強く受け独裁的であると考えられるものの、東ドイツの教育学を検討した吉田成章によれば、東ドイツの教育者が議論し導入した教授法には子供の主体性を引き出そうとする工夫もあったとされる。

第一一回中央委員会総会

しかし、経済政策の自由化に批判的であった党内保守派は、文化面における体制批判と取れる傾向や若者の西側志向が、資本主義の復活を引き起こしかねない危険なものとみなした。

一九六五年九月、西ベルリンで行われたローリング・ストーンズの野外コンサート会場で騒乱が起きたことを理由に、保守派は西側のロック音楽は破壊や無秩序の原因となると批判した。ホーネッカーはウルブリヒトが不在の際、書記局会議において、青年政策の方向性を修正すると決定した。

文化大臣が〝退廃的な西ドイツ〟音楽を製造する若者のアマチュア・グループの演奏ライセンスを剝奪《はくだつ》し、自由ドイツ青年団が管理する青年クラブでの上演を点検するよう指示した。むろん、突然のコンサート中止に対して人びとの抗議の声は大きく、四九グループのうち四四が解散を命じられたライプチィヒではファンによる激しい抗議の声があがった。

ウルブリヒトも文学作品の自由化の矛先が、体制批判へと向かいかねないとの危惧を抱いた。そこで一九六五年一二月、第一一回中央委員会総会では、文化面での自由化傾向を批判し方向転換が決定された。そのときのホーネッカーの報告は、東ドイツは「特に西側的な特徴を持つ、退廃的なものが発展する余地がない〝清潔な国家〟である」と強調する。そして、これまでの自由化のなかで生み出された作品について、懐疑主義やペシミズムないしは時代錯誤といった批判が投げかけられた。

文化政策の転換を行ったこの会議は、すべての木を伐採する（Kahlschlag）という意味で〝皆伐《かいばつ》中央委員会総会〟と称される。

当時の有名な知識人の一人で、社会主義統一党を公に批判した物理学者のロベルト・ハーベマンは科学アカデミーから追放され、ベルリン郊外の自宅に軟禁状態におかれた。ビーアマンも事実上、東ドイツ国内外での演奏の機会を奪われる。さらに、著名な作家であるシュテファン・ハイムも激しい批判を受けた。作家連盟自らが、党からの批判を受け入れて自己批判するまでになった。

4　ウルブリヒト時代の終わり――権力交代と両独基本条約

一九六〇年代の東ドイツ外交

ベルリンの壁建設以降、ソ連との関係はぎくしゃくしていた。ウルブリヒトはソ連に国際法上の承認をえるために、東欧諸国内で東ドイツの立場を支援するよう強く求める。ソ連が約束した東ドイツとの平和条約の締結も問題となったが、フルシチョフはそれには応じなかった。さらにソ連は一九六二年には東ドイツ経済の近代化に用いるための借款供与も拒否した。しかし、東ドイツは経済改革を進めるためには、六三年、ウルブリヒトがフルシチョフに対してコメコン諸国の首脳会議で語ったように、ソ連に半製品を輸出しつつ、その代わりに資源を安価で調達する形での経済協力が従来にも増して必要であった。

東ドイツは、ソ連からの安価な資源を一定程度手に入れる以外には、西ドイツとの競争に勝つことは、まったくありえない。（*Genosse Walter Ulbricht: Bericht* [an die 3. Tagung der ZK der SED vom 29. Juli 1963], S. 5 ff, zitiert nach, Dietrich Staritz, *Geschichte der DDR*, S. 222）

ウルブリヒトはソ連への経済的な依存からの脱却を掲げながらも、それが成功するかどうかの鍵は、そのソ連との間で望ましい交易関係を維持できるかどうかにかかっているという皮肉な事態に陥った。フルシチョフはそれに対して、東ドイツの経済的な独り立ちを求めた。東ドイツ向けの資源輸出量は一九六三年には、前年度比で鉄、綿花、肉製品の各品目で二五から三〇％減少する。

そのため、ソ連以外の東欧諸国との間でも経済的な協力が、東ドイツ経済の発展にとって重要と考えられていた。そこでウルブリヒトは一九六三年六月、東側諸国の首脳会談において、科学技術の相互協力の推進を呼びかけた。彼は電子関係産業の共同研究所の創設や、西側諸国からの産業用物資やライセンス獲得を共同して実施するよう提案する。しかし、東欧諸国はそれぞれの国の経済構造から見て、東ドイツのみが得をすると恐れ賛同しなかった。

東ドイツ政府はベルリンの壁を建設したにもかかわらず、西ドイツに対しては双方での協議とドイツ統一を呼びかけ続けた。一九六四年五月には、ウルブリヒトは首相のルートヴィッヒ・エアハルトにドイツ分断の克服を目指すべきとする書簡を送っている。

彼はこのなかで、ハルシュタイン・ドクトリンの放棄を求めた。そのうえで、両ドイツの漸進的な軍縮と、両国の議会から同数選出される代表者からなるドイツ評議会の設置を提案する。しかし、この提案は西ドイツ政府から未開封のまま送り返され、無視された。

しかしこの間、東ドイツとの事実上の外交関係を持つ国は、第三世界で増加していった。特に、アラブ諸国との関係改善が石油資源の獲得のために模索され、引き続きアンチ・シオニズムを標榜してイスラエルには敵対的な姿勢をとった。

一九六五年にウルブリヒトはエジプトを事実上の国賓として訪問した。当時イスラエルは、西ドイツから軍事援助を受けていると報道で明らかになっていた。エジプトの大統領ガマール・アブドゥル＝ナセルは西ドイツを牽制するために、東ドイツとの関係強化を図る。その際、東ドイツはエジプトに対して経済支援の約束をしたものの、ナセルは引き続き、両ドイツを天秤《てんびん》にかけて利益を引き出そうするほどしたたかだった。そのため、両国は正式な国交樹立にまでは至らなかった。またこの年には、西ドイツと国交を断絶したユーゴスラビアのヨシップ・ブロズ・チトーがベルリンを訪れた。

ウルブリヒトとブレジネフ

ソ連とは一九六四年六月になって、友好協力相互援助条約を締結する。この条約は東ドイツが他の東欧圏諸国と同様、ソ連圏の国であることを国際社会にアピールするものとなった。

その直後の一〇月、ソ連ではフルシチョフが最高指導者を解任された。後任のソ連共産党書記長（一九六六年までは第一書記）レオニード・ブレジネフ（一九〇六～八二）は、東ドイツが暫時獲得してきた自主性を抑え込み、伝統的な従属的外交関係に回帰するよう求めていた。彼は旧来の社会主義体制を維持しようとする保守的な立場をとっており、東ドイツの経済改革の実験についても好ましいとは考えていなかった。

しかも東ドイツへの交易関係に優遇措置は講じられなかった。それはソ連が一九六四年から六五年にかけて経済的に苦境に陥ったからであった。ブレジネフは東ドイツを援助するどころか、引き渡す東ドイツ製品の増加を求め、東ドイツは不足した圧延鋼と農産物を西側から輸入せざるをえない状況となった。

ウルブリヒトとブレジネフ　1967年4月社会主義統一党第7回党大会での東ドイツ訪問時。抱き合ってキスをしているがすでに両者の距離は広がっていた

その結果、東ドイツ経済はこれまで以上に、西側の世界経済との関係が強くなった。東ドイツに有利な東西ドイツ間交易量も壁の建設後次第に回復していく。一九六二年から六四年にかけて、対ソ貿易量は一五・七%上昇したのに対して、西側先進国とのそれは三六・五%と大幅な伸びを示す。この交易関係の変化は、ソ連との間で相互不信を高めることになった。

ブレジネフは一九六四年、ソ連の最高指導者になる前に東ドイツを訪問している。その際ウルブリヒトはベルリンの北にある東ドイツの迎賓施設のデルンゼー山荘での直接会談で、一三歳年下のブレジネフに対して東ドイツのこれまでの改革の成果を説き、むしろ、ソ連が東ドイツをモデルにすべきだとまでなかった。

発言する。年の離れた両者の間の溝は埋まることはなく、首脳の個人的関係は決して良好ではなかった。

プラハの春への対応

一九六八年、ワルシャワ条約機構軍は、政治的な自由化を推進したチェコスロバキアのプラハの春に軍事介入した。社会主義統一党内には、この隣国での動きに好意的な意見もあったものの、党指導部はこの動きが反革命的であり危険であるとの判断で一致する。ウルブリヒトも共産党が有する国政への指導権を撤回しなければならない事態には、ブレジネフと足並みをそろえて反対した。

東ドイツの国家人民軍はワルシャワ条約機構軍の一部として介入の準備まで整え、部隊は国境に待機する状態であった。ウルブリヒトとホーネッカーはともに強く出動を望んだが、ブレジネフはドイツの兵士がナチ時代以来再び、プラハを蹂躙《じゅうりん》することになると危惧し、東ドイツの参加は見送られる。

この事件の後、社会主義陣営全体の利益のためには一国の利益は制限されるとする声明（ブレジネフ・ドクトリン）が発表され、ソ連の東欧諸国への介入は正当化された。

ただプラハの春鎮圧の影響は若者や若手の知識人たちに及んだ。彼らはこの改革運動にシンパシーを抱いており、抗議行動が生じた。鎮圧に対する抗議署名が大学や工場で集められ、離党する者も多く現れた。

むろん、党指導部はこの動きに対して、〝左派と右派の傾向を有した〟修正主義であるとして、約一万七〇〇〇人の党員が査問にかけられ処分される。これまで社会主義統一党の党員や彼らに近い立場にあった人びとは、党内改革の可能性について諦めの感情を抱かざるをえなくなり、事なかれの雰囲気が蔓延《まんえん》するきっかけとなった。

ブラント外交への対応

西ドイツでは一九六六年一二月にキリスト教民主・社会同盟と社会民主党の大連立政権が誕生し、社会民主党出身の外相ヴィリー・ブラントが、これまで外交関係を有していなかった東欧諸国との関係強化に乗り出す機会をうかがっていた。

西ドイツにとって突破口となったのは、ソ連から外交的な距離を置き始めていたルーマニアであった。双方は一九六七年に外交関係の樹立に合意したのである。これは、東ドイツのみならず、ソ連にとってもポーランドにとっても由々しき問題であった。

このまま他の東欧諸国が西ドイツとの外交関係を開いて関係強化に乗り出せば、東ドイツは孤立しかねない。またポーランドにとっては、西ドイツがドイツとの国境線としてオーデル・ナイセ線を承認しない立場を維持している点が懸念材料となっていた。彼らはこの国境線について自国の存立に関わるため妥協できなかった。ソ連にしても戦後秩序が大きく変わる可能性があることから、西ドイツの行動に危機感を抱いた。

そこでウルブリヒトは、一九六七年二月に、ポーランドとソ連両国の意向も踏まえてウルブリヒト・ドクトリンと呼ばれる外交原則を発表した。東側諸国が西ドイツと国交関係を樹立する際には、オーデル・ナイセ線の尊重と東ドイツの国家承認を求めなければならないとした。

一九六九年一〇月に誕生したブラント政権は、ドイツ人という民族は一つであるものの、国家は暫定的に二つあるという国家と国民を分けた一民族二国家論を掲げて、ソ連と東欧諸国との関係改善に本格的に乗り出す。これは東ドイツとそれぞれの国との外交関係に何ら影響を及ぼす意図はないという東側諸国に対する表明だった。

ウルブリヒトはこのとき経済改革で掲げた過大な目標を達成するために、競争相手である西ドイツとの経済協力が必須《ひっす》であると考えた。そのためブラントの方針を好意的に受け止めた。ただ、これには党内でもホーネッカーを中心に反対意見が強かった。くわえて、ソ連も自らと西ドイツとの間の関係改善に先立って、両独間の交渉が進むことに警戒感を持っていた。ブレジネフはソ連と西ドイツとの経済的協力関係をまずは強化したかった。そこで、ブラント政権がソ連に協力するならば、両ドイツ間の交渉がまとまると思わせようとして、東ドイツにはソ連が出す指示に従い、西ドイツに対して強硬な態度をとるよう求めた。

ソ連の思惑と社会主義統一党内での対立の激化

一九七〇年に入り、そのソ連が東西ドイツ間の交渉を望んだことから、三月と五月の二度、東側のエアフルトと西側のカッセルで、閣僚評議会議長（首相）ヴィリ・シュトーフとブラントとの直接会談が持たれた。

東ドイツは交渉を進展させる気はなく、エアフルト会談では強硬な姿勢をとる。シュトーフは、ベルリンの壁建設までに東ドイツは多くの労働力を失い、その損失は一〇〇〇億マルクに及ぶと述べた。そして、当時の西ドイツ政府が行った敵対的干渉政策への補償を求めたのである。

シュトーフを見送るブラント　カッセルでの二度目の首相会談の後

カッセル会談でも歩み寄りは見られず、東ドイツは交渉を中断して、東ドイツ側が示した条件を西ドイツが検討するための〝冷却期間〟を置くと述べて、交渉は進まなかった。しかし、最高指導者のウルブリヒトだけは一人その思惑を異にしていた。彼は再度の両独会談に期待すると中央委員会総会で発言し、西ドイツとの間で、国家連合を形成することが、経済的な利益につながるとの考えを示す。彼は見解を公にして既成事実を作り、党内の主導権を握ろうとした。

しかし、ホーネッカーはブレジネフとの関係を強化することで対抗した。ブレジネフは社会主義統一党指導部全体に向かって、西ドイツの意図は東ドイツに経済的に浸透して影響力を強めることにあると警告する。すなわち、西ドイツとの関係改善は、東ドイツにとってトロイの木馬になるとの懸念を表明した。ウルブリヒトはこのソ連の要請に反発し、経済の依存を避けるためにこそ、西ドイツと積極的に取引することが必要であると考えた。

我々はうまく帳尻を合わせるため、最大限、資本主義者からの借款を手に入れる。そのために機械を買って、新たな工場で生み出した製品の一部を、借款を受けた国へと輸出しなければならない。短期間のうちにこの新しい機械を償却しなければならない。我々は国境が開いていた時からの遅れを正す。我々は正確な計算を立てて躍進をする。(*BArch, DE-1/56128*, zitiert nach, Steiner, *von Plan zu Plan*, S. 162)

ウルブリヒトの西ドイツとの交渉重視の態度には、ソ連が一九六九年夏に資源供給を拒否したことも背景にある。しかし、ホーネッカーをはじめとした党指導部内の保守派は、それでもソ連の方針に従うべきだと考えた。

両独間の交渉が停滞している間、ソ連と西ドイツは一九七〇年八月、モスクワ条約に調印する。西ドイツは東ドイツの国家としての存在を認め、戦後に引かれた国境線を事実上容認する。だが、この取り決めは東ドイツの国際法上の国家承認まで踏み込んだものではなかった。しかも、ブレジネフが条約調印式に出席して、今後西ドイツとの協力関係を推し進めていくと内外に示した。

ホーネッカーはこの事態に驚愕《きょうがく》したが、ウルブリヒトは両独間の交渉を進められると判断した。しかし、ブラントは東ドイツの領域を通過する西ベルリンと西ドイツとのトランジット交通が今後脅かされないようにしたいと考えた。かつて西ベルリン市長であったブラントには、ヨーロッパにおける冷戦が激化するのは、決まってソ連がこの町を引き合いに出して挑発してきたからだという思いがあった。

ブラントはこのトランジット交通をめぐる交渉と、モスクワ条約の批准とを結びつけて条約の発効を遅らせた。そこで、ブレジネフはこの時点での両独交渉の進展は、東側陣営全体にとって不利益になるとウルブリヒトに直接モスクワで伝える。ブレジネフは社会主義統一党内で生じている路線対立の存在を知っていると言及してまで、西ドイツと独断で交渉しないように要求した。これに対してウルブリヒトは、東ドイツはベラルーシではない、つまりは独立した国家だとまで述べて反発した。

両独交渉の進展とウルブリヒトの解任

その後、ソ連は東側と西ドイツとの関係や両独交渉に決定的な破綻が生じることを避けるために、双方の交渉を認めた。その際、東ドイツに対しては自らの主権問題については一歩も譲らない、そして、あくまで従来の交渉姿勢を維持するよう求め、両独間の交渉は一九七〇年一一月から再開される。

しかし、社会主義統一党では指導部内の対立をこれ以上放置できない状況に陥った。ウルブリヒトは一二月、第一四回中央委員会総会において全ヨーロッパ規模で平和条約の締結を進めるべきという発言をするまでになった。この平和条約という言葉は、東西ドイツの主権問題において譲歩するともとられかねない表現であり、東側では使用することがタブー視されていたものである。

ホーネッカーを支持する政治局員は、ウルブリヒトの外交交渉の姿勢を強く批判した。それぱかりか、これまでウルブリヒト本人に向けられることがなかった文化政策の自由化や経済改革、特に消費財供給の不安定についても公に批判の対象となる。

翌一九七一年一月、ホーネッカー以下一三名の政治局員とその候補が連名で、ウルブリヒトの解任をブレジネフに要請する事態にまでなった。その後五月、ウルブリヒトは表向き、老齢と健康上の理由によって自発的に社会主義統一党第一書記の座を降りることとなる。中央委員会は彼にこれまでの働きに対する感謝の辞を出し、公式には党内闘争を隠蔽《いんぺい》しようとした。

西ドイツでは長らく、彼の解任の原因は、この間の両独条約交渉で強硬な姿勢をとっていたがゆえではないかと考えられてきた。しかし、実態は異なり、ウルブリヒト本人は関係改善に熱心であった。むしろ、それを邪魔したのがホーネッカーだった。

ウルブリヒトの解任は、直接には彼自身の政策の進め方に問題があったとしても、それは彼と他の政治局員やソ連との間の意思疎通が困難となったことに起因している。彼は高齢のためか、今までの成功体験に依拠して独善的となり、冷静な判断力を欠如するに至った。両独間の接近はソ連にしてみれば、東側全体の利益、特に自らの利益と抵触する恐れがあった。ただ、両国の接近を一概には否定できなかったところに、ソ連の弱みもあった。

そのなかで、東ドイツは経済規模では、西ドイツに飲み込まれてしまうのではないかという恐れがあった。ホーネッカーが抱いたこの危機意識が一九六〇年代の経済改革を放棄させ、なおかつウルブリヒトの解任をもたらした要因だった。

両独基本条約の調印

ウルブリヒトの去就が問題となっている間も、東西両ドイツとソ連の三者間での駆け引きは継続していた。新しく最高指導者になったホーネッカーは、西ドイツが東ドイツを対等の独立国家として国際法上承認することを交渉で目指す。これは東ドイツのそもそもの目標であった。

東ドイツはミヒャエル・コールを、西ドイツはエゴン・バールを担当者として実務交渉を続けた。一九七一年九月、ベルリンの地位をめぐる米・英・仏・ソのベルリン四ヵ国協定が締結されると、両ドイツはそれに併せて西ベルリンと西ドイツとの間での交通トランジットに関する協定を結ぶ必要があった。

両独基本条約　調印式の様子。左のマイクロフォンの前に西ドイツの代表エゴン・バール、右のマイクロフォンの前に東ドイツの代表ミヒャエル・コール

その交渉過程でもコールは執拗《しつよう》に国家承認を求めたが、バールは同意しなかった。西ドイツからは、さらに両ドイツ間の交通協定についても交渉を迫られた。その際、ソ連はホーネッカーに対して自らの条約を批准させるために譲歩するよう指示し、一二月一七日に両ドイツ間で西ベルリンと西ドイツ間のトランジット協定が結ばれた。これにより、西側から西ベルリンへの陸路でのアクセスが安定した。そして、一九七二年五月二六日には両ドイツ間の交通条約が結ばれる。

東ドイツは両独基本条約に関する交渉を進めるなかでも、ブラント政権を支援しなければならなかった。連邦議会選挙で社会民主党の勝利を手助けするためだった。ブレジネフは「我々はキリスト教民主同盟・社会同盟、シュトラウス〔キリスト教社会同盟党首〕、バルツェル〔キリスト教民主同盟党首〕ではなくブラントと関わり合わねばならないのだから、どのようにしたら彼を助けることができるだろうか」とまで述べて、ホーネッカーに三度目の譲歩を促す（Treffen der Ostblockführer am 31. 7. 1972 auf der Krim, zitiert nach, Hermann Wentker, *Außenpolitik in engen Grenzen*, S. 339）。

結局は、ブラントが唱える一民族二国家論に沿った形で交渉がまとめられた。それゆえ、両ドイツは国際法上の国家間関係ではなく特別な関係にあるとみなされ、両国はそれぞれの首都に大使館ではなく常駐代表部を置くとした。

西ドイツはこれまで共通のドイツ国民の存在を念頭におき、同じドイツ人として保護する対象であるとして、東ドイツの人びとに望まれれば西ドイツのパスポートを発給してきた。東ドイツは、この西ドイツの方針を放棄するよう求めたものの西ドイツに拒否された。

ただ、東ドイツはブラント政権が一番に要求した、東西双方の人的交流を拡大し、東ドイツから西ドイツに移住を求める人びとの人権状況の改善については拒否した。この点では、ホーネッカーの粘り勝ちとなった。そして、一九七二年一二月二一日、両者は未解決の問題を抱えながらも両独基本条約に調印したのである。

コラム③　映画のなかの東ドイツ

東ドイツが崩壊してから、いくつかの東ドイツを題材にした映画がドイツで公開されており、対外的にも高い評価を受けている。二〇一〇年前後までは総じて、社会主義統一党の独裁体制を前提にして、それから私的な生活においてどれだけ逃げることができたのか、ないしは東ドイツの人びとが人間性を維持できたのかという視角が多い。

『グッバイ・レーニン』(二〇〇三年)に登場する主人公の母親は、西ドイツで典型といわれた東ドイツの生活を描いている。表向きは政府に対して非常に協力的で、請願(コラム⑥を参照)を書くにしても、社会主義的な言説に則って主張を展開している。その実、政府を信用しておらず、西側からくる父親の手紙を隠し持ち、銀行にお金を預けるのではなくタンス預金をしている。体制に対して本音と建て前を使い分けて生活をしていたというイメージを与える。

シュタージの職員の監視活動を描いた『善き人のためのソナタ』(二〇〇六年)は、監視対象者の私的生活の機微に触れるなかで、人間性を回復するというストーリーが展開される。公の汚い世界から隔絶した世界の意義が強調される。

『東ベルリンから来た女』(二〇一二年)は、西側へと逃げたいと願う女性医師の話である。この作品は、さすがに私的世界そのものの純粋性を描くことはなくなっているものの、シュタージの非公式協力者と思われる同僚の医師との関わりのなかで、東ドイツにとどまる選択をするストーリーが展開する。なお、シュタージに目をつけられる医者が左遷先として、ロストック県と思われる西ドイツに逃げられる海岸のある場所に送られることはありえない。

やはり、内面世界の善意を見せるというのが典型的ストーリーである。これらの描き方は抑圧体制にあっても私的生活は維持されていたと見る「独裁体制下での無傷(Heile)な世界(Welt)」に基づいていなくもない。いかに東ドイツの私的世界は、公的世界から逃れることができる、貴重な意義を持つ世界だったのかを提示する。

近年の作品、『僕たちは希望という名の列車に乗った』（二〇一八年）は、一九五六年のハンガリー事件への連帯を示す授業中の黙とうが、学校での一クラス全員の退学処分にまで至った事件を描く。この作品では、東ドイツ当局の抑圧や大人の事なかれ主義の態度のために、若者たちは仲間を裏切るか否かの選択を迫られ、その多くが自分の可能性を求めて西ベルリンへと逃亡する。社会主義体制への批判が読み取れる映画だが、それと同時に、大人の現実と若者の理想への向き合い方が対照的に描かれている。

監督はいずれも西ドイツ出身である。これらの作品は西側からの視点を反映したものとなっている。

これに対して、旧東ドイツ出身の監督が描いた『Sonnenalle（ゾンネンアレー、太陽大通りの意）』（一九九九年：日本語字幕なし）は、一九七〇年前半の東西ベルリン境界線の東側に住む若者の日常生活を描いたコメディーである。ロック音楽や服装で西側の影響を受ける若者像や西ドイツの物資を毎週のように境界線を越えて運んできては家族と歓談する叔父の姿を通して、消費生活に西側文化が浸透している様子もうかがえる。西側の人間が示す東側に住む人びとへの侮蔑《ぶべつ》的とも見えなくもない態度を描くことで、西側が抱いていた優越意識を批判的に捉えている側面もある。

いずれにせよ、これまでの東ドイツを扱った映画は、白黒をはっきりとみせて、わかりやすい世界像、清涼剤を提示する方向性が強いといえなくもない。

コラム④ 東ドイツ時代のメルケル

アンゲラ・メルケル、ある時期には政敵から「アンジー」（鉄の女の意：サッチャーの再来？）とも揶揄されたものの、本人がそれを逆手にとって選挙キャンペーンで使うところは、機転が利く政治家である。東日本大震災直後の「フクシマ」を見て、倫理委員会を立ち上げて原発廃止へと急速に舵《かじ》を切る。またシリア難民危機の際には、難民が最初にたどり着いた国で受け入れるかどうかの審査をするEUのダブリン規則を曲げてまで、ドイツに難民受け入れを認める政治判断もした。そして、引退表明をした矢先の二〇二〇年のコロナウイルス問題への対応力も評価されている。彼女は後継者には恵まれているとはいえないが、そこまで求めるのは酷なのかもしれない。

もともと彼女の生まれはハンブルクである。父親がプロテスタントの牧師であり、戦後長らく東西の教会組織は統一して運営されていたことから、幼いころにブランデンブルクに移り住んだ。その点では出自は伝統的なブルジョワ層出身ということもできる。彼女が家庭内でどのような教育を受けて育ったのか、筆者は知らないが、東ドイツの教育制度にうまくなじむことができたのは確かなようである。

彼女は教会関係者の子弟にもかかわらず、自由ドイツ青年団に加入している。地元の総合技術学校では最も優秀な成績点を取り、物理学を専攻する学生としてライプチィヒ大学に入学した。そこで最初の夫と学生結婚をしてメルケルの姓を名乗ることになる。第4章で述べるが、二〇歳前後の学生結婚は東ドイツではありふれている。彼女は物理化学の卒業研究でこれまた最優秀点を獲得し、研究者の道を歩むことになった。

卒業後は東ドイツ科学アカデミー傘下の物理化学中央研究所に勤務した。むろん、社会主義統一党の党員でもあった。その間、同研究分野での博士論文を完成させて博士号をえた。この間、離婚を経験し現在の夫と再婚している。これも東ドイツではけっして珍しくない。

その彼女を変えたのが一九八九年であったとされる。彼女が政治の世界に足を踏み入れたのは、保守派の「民主主義の出発」に参加してからである。その後は保守政治家として政治的なキャリアを積み重ねている。当時コール首相の〝娘〟と揶揄されるほど重用されながらも、彼の不正献金スキャンダルが発覚すると一転して袂《たもと》を分かち、その後首相の地位にまでのぼり詰めた。

彼女は東ドイツ出身の政治家であるとよくいわれる。彼女が政治家としてデビューし、今でも選挙区としているのは、メクレンブルク・フォアポンメルン州で、彼女にとってはこの地方は縁もゆかりもない。政党

2017年選挙の時のメルケルの選挙区での宣伝ポスター（グライフスバルト）

国家といわれるドイツによくありがちな落下傘《らっかさん》候補である。

　メルケルには、典型的な西の政治家のスタイルを会得して政界を泳いでいるだけとの批判もある。ただ、その彼女のこれまでのキャリアを振り返ってみるならば、時代の趨勢《すうせい》を読める、機を見るに敏という才覚は他の政治家と比べて抜きんでている。

　旧東ドイツ時代、女性政策は現実には労働力としての女性の動員を図るものであったが、理想としては女性のキャリア形成を訴えていた。メルケルは東ドイツ時代にあっても社会主義体制が目指すキャリア上昇を果たし、それをドイツ統一後においても継続したともいえる。その点では、東ドイツの女性政策が目指した成功例を体現しているのかもしれない。そう見るのは、本人にも、統一後のドイツに対してもあまりに失礼になるのであろうか。

第4章　ホーネッカーの「後見社会国家」――繁栄から危機へ　1971-1980

1　経済・社会政策の統合――社会保障の充実と経済

ホーネッカーの統治スタイル

エーリッヒ・ホーネッカーは党を指導していくに際して、ヴァルター・ウルブリヒトと異なり高等教育を受けたテクノクラートを重用したわけではない。彼が信頼を置いたのは、イデオロギー的には社会主義体制を守旧しようとする若手の官僚層であった。彼らの多くは自由ドイツ青年団の役職経験者やカール・マルクス党学校出身者である。自由ドイツ青年団は、ホーネッカーがキャリアを積み重ね長らく議長を務めていたため人材を把握するのは容易だった。また、党学校では正統的なマルクス・レーニン主義に基づいて幹部党員教育が行われており、自らの政策路線に忠実な人びとを登用することができた。

彼は権力を継承した当初、老齢で周囲の意見を聞こうとはせず独断的な姿勢をとっていたウルブリヒトとの違いを打ち出すために、周囲に耳を傾ける姿勢を示している。また、一九七一年六月の第八回党大会では集団指導体制を強調していた。

一九七六年には、フルシチョフ時代にスターリン批判のため改名されていた党の最高指導者の地位を示す第一書記が、書記長に戻された。その際、ホーネッカーは、大統領職である国家評議会議長にも就任する。彼はすでに国家防衛委員会議長の職も兼ねており、党と国家組織の双方で権力を掌握した。

このころから、政治局内で真剣な議論のやり取りはなくなり、ホーネッカーの独断的な判断に他の政治局員が従うことが一般的となっていく。かつて最高指導者ウルブリヒトの独断を批判したはずのホーネッカーも同じ道をたどった。

公平性と西ドイツ水準を求める経済政策

ホーネッカーは最高指導者になってすぐに経済政策を見直した。彼は一九七一年の第八回党大会において「人びとの物質面そして文化面における生活水準の向上」が〝あらゆる政策の主要課題〟であると宣言する。

党内のウルブリヒトへの批判は想定よりも低い経済成長率だけではなく、経済格差の拡大に対しても向けられていた。例えば、特定の産業に集中的になされた投資が原因で、企業間の従業員への社会福利上の不平等が生み出された。また産業立地上、重点産業がある場所とそうでない地域との社会資本整備にも差がつき、具体的には住宅建設、消費財供給、公共交通機関の整備、コンサートや演劇といった文化的催しに触れる機会にまで、その違いは現れた。

ホーネッカーはこの批判に応えて公平と平等を意識しつつ、人びとが西ドイツを基準にした生活水準の実現を求めている点も理解していた。この両者を達成すれば人びとからの信任がえられ、政治的な安定を図れるわけである。彼は「人びとの必要性を絶えずそしてより良く満たすことは、我々の政策、我々の国家に対する彼らの信頼感を強めることになる」と述べ、政策目的に消費生活や社会福祉の充実を掲げる。こうしてホーネッカーは、東ドイツの人びとから支持ないしは、少なくとも自らの支配に対する黙認を取りつけようとした。

この方針は当時、レオニード・ブレジネフが一九七一年三月から四月にかけての第二四回ソ連共産党大会において掲げた路線とも一致していた。さらには、隣国ポーランドでの社会情勢もこの路線を採用する後押しをする。七〇年から七一年にかけて、この国では基礎消費財の価格引き上げ宣言に端を発する労働者のデモやストライキが多発し、政情が不安定となっていた。そして、最高指導者ヴァディスワフ・ゴムウカは退陣にまで追い込まれた。

ホーネッカーは政治局会議において「他の国から我々に波及し、危険となる一連の事象を防がねばならない」と発言し、ポーランドの事態を教訓とするよう呼びかけていた。

むろん、人びとの消費と生活の安定を重視するにしても、その前提が機能しなくてはならな

豊かな東ドイツの象徴　バルト海の保養地、ロストック郊外のバルネミュンデの海岸

い。それは労働生産性の上昇と経済成長であるが、その数字はこれまでとは異なり経済テクノクラートが計算した合理的な予測によって導きだされるものではなかった。ホーネッカーはこの〃社会主義的生産と労働生産性の高度な発展〃が、人びとの努力によって必然的に実現できると考えた。

人びとに先に恩恵を施すことによって忠誠を確保し、その後に生産性向上を図ろうしたのである。それゆえ、ホーネッカーは消費生活の安定と福祉を保障したとしても、それが原因で国家債務の増大に陥ることはないと見込んだ。

〃経済・社会政策の統合〃

一九七一年、社会主義統一党第八回党大会が決定した新しい五ヵ年計画は、過大な経済発展目標の設定を避けた。七一年から七五年にかけて、国内総生産は年間四％伸びる。この消費生活と社会福祉を重視する全体的な方針は、その後の七六年、第九回党大会において〃経済・社会政策の統合〃として党綱領のなかで謳われる。

ホーネッカーは、旧来軽視されてきたエネルギー産業の見直しを図った。環境負荷が少ない新たな褐炭発電所の開発を進めて既存の発電所を閉鎖し、原子力発電所の新設を目指した。当時の原子力は西側と同様、放射能汚染を引き起こすかもしれないという恐れよりも、先進的な技術というイメージを持たれていた。

産業への投資は依然として生産財部門が重視され続けたが、これまで以上に消費財についても配慮がなされた。消費生活を重視する観点から、これまで軽視されてきた下請け企業への支援も打ち出される。

このときの計画は、輸出の強化による対外債務の減少をも目指していた。東ドイツは西側から現代的な技術を輸入してそれを利用した製品を製造し、輸出するという対外交易戦略をとる。この方針はウルブリヒトのそれと異なるものではなかった。

国家計画委員会の見立てでは、この計画は彼の掲げる社会政策とは予算的に両立しえないとみなされた。しかし、ホーネッカーは住民の生活水準向上を絶対視しており、消費政策や社会政策の目標は維持された。経済的な合理性よりもむしろ、政治的な意向が政策の方向性を決定したのである。

それればかりか、豊かな消費生活を実現するためには、西側からの消費財の輸入がこれまで以上に必要となった。そのため東ドイツの西側に対する貿易赤字は、一九七一年には二億六二〇〇万ドルであったものが、七五年には一〇億ドルへと増大する。

輸入は西側からの銀行の借款に頼らざるをえなくなり、東ドイツ経済は世界市場の動向に左右されるようになる。ウルブリヒトを批判した保守派の危惧が、皮肉にも彼を追い落としたホーネッカーの政権下で現実になった。

私営企業の国営化

一九七〇年代に入り、経済運営の仕組みは従来型に戻された。これまで個々の企業をグループ化してできた企業連合や企業に与えられていた経営の自主性は失われ、中央が主導する計画経済体制へと再び移行する。国家計画委員会や各産業省が、資源や物資、設備等の割り当てについて直接計画を立てる経営数は七一年までは二〇〇から二五〇経営にとどまっていたものが、七二年以降には八〇〇経営にまで増加した。

また集権化の影響は、それまで社会主義計画経済に完全には組み込まれていなかった企業にも及んだ。一九七二年、ホーネッカーは私企業、半国営企業の国営化を、「我々の共和国において確かに見られる再資本主義化の現れを克服する」という名目で宣言する。彼はこの政策を「勤労者の多数から幅広い共鳴と熱心な賛同をえている」と説明した。

当時、私企業経営者たちの平均収入は、一般労働者平均の三・五倍になっていた。社会階層間の差の広がりは、ホーネッカーらがウルブリヒトを引退に導いた理由の一つであり、それゆえ国営化は平等を建前にして実行された。

社会主義体制が確立して三〇年を経ても、私営企業ならびに半国営企業は五〇〇〇経営以上残っていた。これらの企業の国内生産総額は一〇%以上を占めていた。その多くは小規模企業であり、部品や半製品の下請け製造の他、機械修理や建物の修繕、レストランといった直接消費者を相手にする仕事であった。しかもこれらの企業は、住民の生活の豊かさを測る際には、欠かせない商品やサービスを提供している。

国営化の対象となった経営者は、企業を譲り渡す際には補償金をうけとることができたものの、生産に関係した資産を失う。彼らは従業員が望めばそのまま、企業の責任者として勤務し続けられた。その数は八五%にのぼり、企業経営にはそれほど問題が生じなかったようにも思われる。社会主義統一党指導部は私企業を計画経済に組み込めば、計画通りに生産が進むことになり、むしろ消費財の供給状況は良くなると考えた。

しかし、この国営化政策はその思惑とは正反対の展開をたどる。大企業の下請け企業へと変わった企業は、これまで自社で提供していた独自製品の供給を止めてしまい、日用品の供給不足が深刻となる。

このうち、特に経営数が減少したのが家族経営の外食産業であった。彼らはそのまま国営企業化したレストランに雇われるのを嫌った。というのも、レストランを閉鎖しても、労働力不足が常態化している東ドイツではすぐに就職の口は見つかった。場合によっては、企業の社員食堂にコックとして働きにでるという選択肢もあった。むしろそちらのほうが、そのままレストランで働くよりも労働条件が良かった。

その結果、レストランの国営化は進まず廃業が相次ぐ。外食の機会が減ることで、ホーネッカーが唱える日常生活の向上は遠ざかった。さらに手工業についても、修理業者がいなくなる事態を招いた。

ホーネッカーはこのレストランを含めたサービス業や手工業の国営化を、一九七六年二月に撤回せざるをえなくなった。その後、社会主義統一党の中央委員会総会は、個人経営の手工業を逆に支援すると宣言する。社会主義統一党が目指した政策は、東ドイツ社会にますます多くの負荷をかけたにすぎなかった。

東ドイツネイション?

両独基本条約の締結は、社会主義統一党にこれまで主張してきたネイション(国民・国家)観の再検討を求めるものとなった。西ドイツはこの条約交渉の際に、東西ドイツは同じネイションであるという立場から交渉を進めた。そして、西ドイツ国籍を東ドイツの住民には適用しないとする東ドイツ側の要求を拒絶した。ブラントのベルリン市長時代からの協力者で西ドイツ側の交渉担当者であったエゴン・バールは東ドイツの一九六八年憲法にもドイツネイションが謳われており、東西ドイツで違いはないと主張した。

それゆえ東ドイツは、西ドイツが提唱するドイツの国民性とは違うイメージを打ち出す必要に迫られた。彼らはドイツ語を話し、ドイツという場所に暮らしているという伝統的な国民像に代わるものを探した。

もし、いままでの伝統的な国民像を放置しておけば、東ドイツの人びとは両独基本条約の締結で東西の距離が縮まったと考え、ベルリンの壁の無効化までも求めるかもしれない。事実、そのような傾向は世論調査研究所の調査で明らかになっていた。社会主義統一党の指導者は東ドイツの国民性を、勤労者階級が主権者である点に求めようとした。

さらに、一九七四年に改正された憲法は、第一条で単に、自らについて「東ドイツは労働者と農民の社会主義国家である」と規定していた。また第六条では、東ドイツは「ソ連と絶えず分かちがたく結びついている」として、条文からはドイツという文字が消え、ソ連とのつながりを強調した。

こうしてドイツ統一という国家目標は、明確に放棄される。ドイツの名称を冠した社会団体は、ドイツ社会主義統一党を除いて東ドイツと改称された。しかし、東ドイツの人びとの間では、自らはドイツ人であるという意識は消えなかった。

2 東ドイツの黄金時代？——消費社会主義の実情

社会福祉の強調

一九六〇年代の東ドイツ社会経済を「奇跡の経済」の時代と評価するならば、七〇年代のおおよそ七六年ごろまでは、消費社会主義の時代と名付けられる。ないしは、この時期の日常生活からは東ドイツの黄金時代を見ることができよう。というのも、生活水準がそれまで以上に早く、そして、まとまった形で改善したからである。

賃金は一九六〇年代に続いて増加した。とりわけ、社会階層の平等を目指して一般労働者の賃金は、他の就業者よりも速やかに上昇するように設計される。平均賃金は七〇年の七五五マルクから、四年後の七四年には八五〇マルク、そして八〇年には一〇二一マルクへと上昇した。また、七一年初めには最低賃金を三〇〇から三五〇マルクへと増加させる決定がなされ、その措置は再度七六年にも実施され四〇〇マルクになる。また、七五年には最低有休日数は一五日から一八日へと増加した。

なお、一九七六年に開かれた第九回党大会以降には、賃金は労働協約で保証されつつも、労働生産性に準じて支払われる部分もある制度へと変化した。従来通り労働者への賃金支払いをノルマ達成に基づいて差をつけたのである。この制度は、労働生産性を向上させることにはそれほど寄与しなかった。労働力不足が常態化している企業においては個人で賃金交渉することが可能であり、賃金は高くなる傾向は保持された。そのために、相対的に生産性は低くならざるをえなかった。

また、恒常的に行われる精神論的なプロパガンダに人びとはすでに慣れっこになってしまっていた。労働者が国に恩義を感じて、労働生産性を向上させるという事態は現実には生じなかった。結局、ホーネッカーが描いた楽観的な予想は裏切られたのである。

消費行動における格差の拡大

この間、給与が増加したことに伴って人びとの貯蓄高も増加していた。そのため、これまで以上に耐久消費財への需要は高まった。自家用車は一九七〇年には一〇〇戸当たり一五・六台だったものが、七五年には二六・二台へと増加した。また、冷蔵庫は五六・四から八四・七台に、洗濯機は五三・六から七三台へと、かなり多くの家庭に行き渡るようになる。テレビに至っては八〇年には一家庭に一台以上保有するまでになった。

耐久消費財も含めて、人びとが求めたものは西側品質の製品であった。この時期に初めて、西側ブランドのジーンズやフォルクスワーゲンが輸入される。なかには、東ドイツが輸出用に製作していた西ドイツブランドの靴の逆輸入もあった。これらの商品は、人びとから外貨を吸い上げる目的で作られたインターショップや、高所得者の購買力を吸収するために作られたイクスクイジットラーデンで販売された。

その反面、基礎消費財の値上げが、ポーランドでは政治情勢の不安定化を招いたという経験を踏まえて、その値段は維持された。補助対象は生活用品から始まって暖房用燃料や衣服、公共交通機関の料金と家賃、さらには光熱費にまで及んでいた。これら消費財の本来の価格との差額を埋め合わせるため、依然として補助金に頼ったのである。

首相のヴィリ・シュトーフの言葉によれば、基礎消費財の価格を補塡《ほてん》するために投じられる補助金は、一九七一年以前の五年間ですでに四六〇億マルクにのぼったとされる。そして、その額は七五年までに、六五〇億マルクを見込むまでに増加する。ホーネッカー自ら、この補助金のことを〝第二の給料袋〟とも語っており、事実上、人びとの生活を下支えする性格を持った。

企業は同じ商品でも定められた計画目標の数値により早く近づくため、低価格や中価格ではなく高価格帯の生産を優先した。その結果、商品の供給量にはむらが出て、低価格帯の商品に不足が生じた。人びとは商店に商品が並ぶことは期待していなかったが、買い物袋を持って外出し、見つけた場合には買いだめをした。そして、自らの持つ余剰品を職場の仲間、家族、親せき、周囲の人とお互いに分かち合った。

また、比較的供給状況がよい東ベルリンに買い出しに出かけた。日曜大工や裁縫が日常的に行われ、もし、知り合いが国営商店で働いていれば、それらの道具や材料が売り場に出る前に確保してもらった。その知り合いに対しては、他の機会に物資を融通するといった協力が当たり前になされていた。なかには従業員による商品の横流しといった犯罪行為まで生じた。

ホーネッカーのいう〝経済・社会政策の統合〟は賃金面では平等を志向しながらも、基礎消費財を安価に維持するために高収入層に高価格帯の商品を提供して、消費を促そうとする政策を採用した。この政策は消費の不平等ないしは不公平を前提に組み立てられており、矛盾を抱えていた。これが東ドイツの黄金時代の実情だった。

永遠のあこがれ、西ドイツ

東ドイツの指導者はこれまで人びとに向かって西ドイツに経済的に追いつき、追い越すと言い続けてきた。社会主義体制の国々のなかでは、東ドイツは産業発展と豊かさの点で先頭に立つ国でもあり、その約束は実現可能なものとして認識されていた。社会主義統一党の指導者は、人びとに西ドイツを超えるという実現できない約束をしたことで、自分の首を絞めたといわざるをえない。

ホーネッカーはこの人びとの西側へのあこがれを逸《そ》らして、豊かさを示さねばならなかった。それもあって、一九七二年には、近隣の東欧諸国、チェコスロバキアとポーランドとの間での相互ビザなし交通協定を締結する。東ドイツの人びとは地元警察に届け出を出せば、有給休暇や週末を利用して隣国に気軽に訪問できるようになった。

一九七〇年代では、東ドイツからは年間約九〇〇万人にのぼる人が両国を訪れていた。逆に、両国からは八〇〇万人ほどが東ドイツへやってきた。東ドイツを訪れる人びとの目的は、それぞれの国では手に入れにくい商品の買いだめであった。彼らは東ドイツ国内でも不足しがちな商品を求めたために評判が悪かった。ホーネッカーは東ドイツの人びとの不満の声に対して次のような指摘をしている。

ポーランドの人びとへの手袋三組は、西ドイツからやってくる親せきに用意するケーキ六つと比べても重いわけではない。我々は、西ドイツや西ベルリンから訪問者六〇〇万人を受け入れてきた。しかし興味深いことに、この訪問者が我々の所で、買い物、ないしは食事をしすぎるといった苦情を、私は一度として同志から受け取ったことはない。(*SAPMO-BArch, DY 30/2146, Bl. 96*)

社会主義統一党が東ドイツ独自のネイション像を訴え、東欧諸国と比べれば東ドイツのほうが豊かであり、連帯が必要だといっても、その主張は人びとに受け入れられなかった。

住宅政策の問題

ホーネッカーが社会政策の核心として提示したのが住宅問題であった。もともと、戦前から住宅の供給不足はドイツでは絶えず大きな社会問題であり、それに第二次世界大戦の空襲や軍事進攻の被害が加わって深刻な状態にあった。ウルブリヒト時代にも住宅政策は意識されていたが、ホーネッカーはさらに踏み込んで一九九〇年までにこの問題を解決すると主張した。そこで、七一年から七五年までに五〇万戸、最終的には九〇年までに三〇〇万戸の住宅建設を計画する。

建設が進められたのは、工場で作られた資材を現場で組み立てる形式のプラッテンバウと呼ばれる集合アパートであった。このアパートからなる新興住宅団地が旧来の都市近郊に衛星都市として建設される。それぞれの衛星都市のへそにあたる部分には、文化センターや青年クラブといった公共施設、国営商店が配置された。それぞれの衛星都市と旧市街との間は、おおよそ路面電車を用いて三〇分程度で行き来することができる。

大規模な開発が行われたのは、もともとはほとんど開発の手が及んでいなかった場所で、首都の東ベルリンではマルツァーン地区、北端の港町ロストックにおいても、リュッテン・クラインに代表される地区が造成された。

この集合アパートは、セントラルヒーティングや温水といった現代的な住宅設備を備えている。一九七一年から七五年の間で、当初の案よりも二〇%以上超過する新しい住宅が建設された。くわえて、上昇傾向にあったこの近代的な新しいアパートの家賃は、補助金を投入したため七二年から低下に転じた。

一ヵ月当たりの収入が二〇〇〇マルク以下の家庭は、東ベルリンでは一平方当たり一マルク二五ペニヒ、その他の都市では九〇ペニヒを支払えばよかった。セントラルヒーティングの家屋の場合は、それに加えて四〇ペニヒが必要とされた。この時期以降に各地に建設された最も代表的な建築タイプWBS70は、家庭向けの三部屋住居で、広さは約六〇から六六平方メートルであることから、東ベルリンのセントラルヒーティング住宅では、家賃は約一〇〇から一一

集合アパート、プラッテンバウの生活 （上）建設の様子　（下）ベルリンの幼稚園児

〇マルクであったと考えられる。ただ、アパート全体で供給される住居は一部屋住居が多かったことから、一九八一年の段階で一戸当たりの面積は平均して約二五平方メートルにしかならなかった。

住居を探している人の目には、入居するまでの待ち時間は長くなり、状況は悪くなっていると映った。しかも、西ドイツと比べて、住宅設備は十分には整ってはいなかったといわれる。いまだに三分の一のトイレは戸外にあった。また暖房設備も旧来型のストーブであり、そのため地下室から燃料の石炭を階上にあげなければならなかった。

住居環境が劣悪であると語られるのは、新市街地に作られた新興団地と旧市街や農村の住宅環境の差があまりにも大きかったからである。それが改善しない限りは、全体としての住居環境が良くなったとはいえなかった。むしろ、新しい住宅か古い住宅に居住するかの違いで生じる不平等が問題であった。

二兎《にと》を追う女性政策

女性の就業率は、一九八九年には最終的には九一%にまでなった。社会主義統一党は女性の就業が当たり前になるなか、東ドイツでも六五年以降、他の先進工業国と同様出生率は低下していたため、その数を維持ないしは増加させたかった。ウルブリヒト期は、妊娠中絶が禁止されていたにもかかわらず、一人っ子の家庭が一般的になっていった。

東ドイツでは、一九七二年の国際婦人の日の翌日に当たる三月九日に、無償での人工中絶を認める法律を決定した。ただ、この国では、西側と異なり出生率は増加に転じた。

社会主義統一党はこの出生率の増加と労働力の確保という二つの課題を達成するために、それまで以上に、家庭を持っている女性に対して、社会政策上の手当てを積極的に行う。一九七二年には、三人以上の子供を抱える女性就業者は労働時間が削減され、有給の出産休暇日数も

東西ドイツの出生率（1945〜1990）

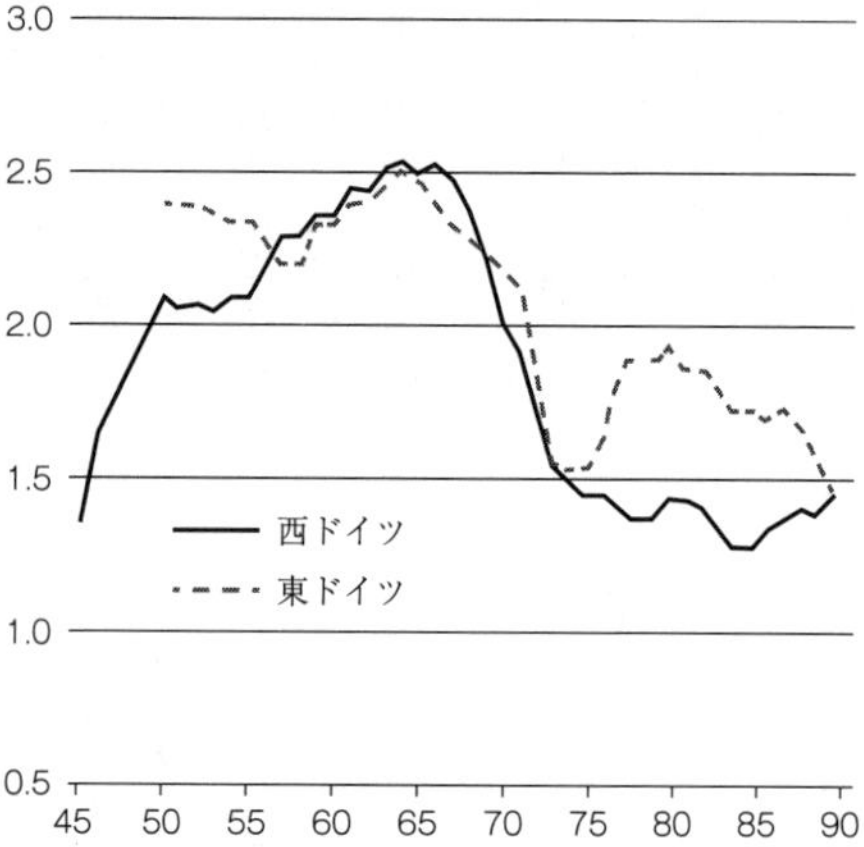

出典：Bundesinstitut für Bevölkerungsforschung

出生者数

	出生者数	人口1000人当たりの数
1950	303,866	16.5
1955	293,280	16.3
1960	292,985	17.0
1965	281,058	16.5
1970	236,929	13.9
1975	181,789	10.8
1980	245,132	14.6
1985	227,648	13.7
1988	215,734	12.9
1989	198,922	12.0

一四から一八週へ引き上げられた。くわえて、二人目の子供を出産する際には、出産後一年間休業補償金を受け取ることができる対象となり、職場には子育てができる環境で復帰する権利が与えられた。その後七六年には、出産休暇日数は二六週へと増加する。

また、結婚を促し子供を増やすための措置として、若年夫婦には無利子の貸付金が五〇〇〇マルクまで与えられる。この借入金は、子供を一人出産すると一〇〇〇マルク、二人の場合は一五〇〇マルクの返済が免除され、三人以上多くの子供を出産すると返済は完全に免除された。また、子供の養育施設が拡充され、一九八〇年までには、当該年齢の六〇％の子供たちが保育所を利用でき、幼稚園の収容率は約九〇％にまでなる。

東ドイツ全体では一九七五年に最低有給休暇日数は一五日から一八日に、また七九年に二一日、シフト労働の場合には二四日へと増やされ、主にこの恩恵を受けたのは女性であった。

社会政策と家族法が女性の権利を意識したものとなっており、未婚であっても、子供を持つことに不利はあまり感じられなかった。またこの国では、離婚についてもそれほど社会生活上不利を感じることはなかったといわれる。そのために子供を育てるひとり親の母親も増加した。その数は一九七〇年には一〇〇〇人当たりで約三二人、八〇年には五六人を数える。東ドイツでは他の先進国と比べて晩婚化の現象は見られず、むしろ早い段階で結婚し出産するというスタイルが定着した。

女性にとっては就業することが当たり前となり経済的にも自立したが、結婚している場合、引き続き家事や育児から解放されなかった。一九七二年の調査では、夫婦のうち五四％が一人で家事をし、そのうち、三四・五％が女性に多くの負担がかかっているとも指摘されている。この状況が変化するのは、八〇年代後半になってからであり、八八年に行われた調査では、家事労働に対する男性の側の意識も改善されている。ただ、給与水準で見た場合、依然として管理職にまでなる女性の数は少なく、女性が男性と同じように社会で活躍しているとは言いがたかった。

世代間対立を描く芸術作品

ホーネッカーは一九七一年の第八回党大会での経済政策の方針転換に併せて、自らがこれまで主導してきた強権的な文化政策の手綱を緩めた。彼は「社会主義の立場に確固たる基礎を置くならば、私から見てもはや芸術と文学の領域にはタブーはない。これは内容と形式の両面に当てはまる」と述べた。

芸術家や知識人には、作品の内容を自由に決定できる範囲が突如として広がった。文学作品やカバレットといわれる風刺演劇のなかで、政府批判や皮肉を述べることもある程度は許された。むろん作り手の側の〝頭の中でのはさみ〟と称される自己検閲がなされたものの、そのなかで体制が許容するぎりぎりの線を作品で追求し、社会に問いかける緊張感に満ちた作品が生み出されたのも事実である。

西ドイツでは、世代経験の相違がナチスに関する歴史問題への対応と絡み、一九六八年前後に世代間での紛争に至ったことは知られている。東ドイツにおいても、七〇年代に入ってその意識の相違に人びとの関心が向けられた。

このとき、東ドイツでのみ教育を受け大人になった人びとはすでに約六〇％にのぼっており、それ以前のナチ期の経験がある人は一三％にまで減少していた。若者は、戦後の東ドイツが作り上げてきたものを当然のものであるとみなしていた。彼らは社会主義建設期の苦労を知らない世代である。社会主義体制に順応できた旧世代と、西側の文化的な影響を受けて自律性を求める若者間での対立が現れた。

たとえば、この世代間の対立を扱った批判的演劇として、ウルリヒ・プレンツドルフの『若きWの新しい悩み』がある。この演劇は観客からの熱狂的な支持を受けた。しかし、社会主義体制を懐疑的に見るものとしてシュタージに問題視された。

また、一九七三年に公開された映画『パウルとパウラの伝説』は、一組の若い不倫カップルを題材にしながら、当時の東ドイツ社会が抱えていた社会問題を多面的に描き出している。それは男性が従事しなければならない兵役が精神的に悪影響を及ぼしていることを伝え、女性が担っている家事労働負担の大きさを描いていた。この作品は東ドイツの日常を懐疑的に描くものとして社会から高い評価を得た。

若者たちにとっては消費生活のみならず、文化の受容においても、比較対象となるのは西ドイツやアメリカであり、そのため、東ドイツの日常生活に対する彼らの閉塞感《へいそく》は大きかった。

若者文化

若者の服飾文化ではジーンズ、そして音楽ではロックが一般に浸透する。彼らはそれと同時に、公式に用意された政治的アピールが書かれた横断幕を掲げ、記念日に官製デモにも参加していた。参加するのが当然という意識もあり、自由ドイツ青年団が所有する青年クラブなどの文化施設で余暇時間を過ごし、演奏会などの活動を行うために動員の指示には従った。若者は体制側の介入に対して不満を抱きながらも妥協していた。政治指導者の側も一部では思い通りにならない、若者文化のあり方を許容しなければならなかった。

一九七三年七月から八月、社会主義系の国際青年組織が主催する第一〇回青年・学生世界大会が東ベルリンで開催された。この大会には全世界一四〇ヵ国から約二万五〇〇〇人が参加し、自由ドイツ青年団の会員約五〇〇万人もくわわる。彼らにとっては、ベルリンの壁建設後初めて海外の若者と触れ合う機会となった。

その際、西側の音楽を流すことには制約は課されず、西側メディアも自由に取材していた。西ドイツのラジオやテレビは「好みに従って、スイッチを入れることも消すこともできる」という状態であった。なおこのときから、東ドイツに西ドイツのジャーナリストの常駐が認められる。

しかし、この社会主義統一党の方針は、世界大会の終了直後、一八〇度転換した。自由化があまりにも行き過ぎたと考えられたのである。ディスコ規則が制定されて、西側のロック音楽を排除し、流してよい曲を「高水準の文化的、教育的要請を満たし、社会主義的人格を育成するために寄与する」ものに限った。

しかも翌年一九七四年には、社会主義の理想に忠実な人間を育成し「青年自らが社会主義的な人格を発展させる高い責任を担う」として、青年法が改定された。青年政策も含めた文化政策の自由化は、ほぼ一年に満たないで幕を閉じる。

3　二つのドイツの現実——西側との国交樹立とヘルシンキ宣言

西側への接近と国家承認

ホーネッカーは両独基本条約を締結し、西ドイツとの関係正常化に努める姿勢を見せながらも、ソ連や東欧諸国との関係をより重視していた。彼は東ドイツ社会に経済面、文化面で西ドイツの影響が浸透していることを危惧せざるをえなかった。

それもあって、ホーネッカーは一九七一年の第八回党大会で「社会生活のあらゆる領域における両国［ドイツ］の間の遮断をさらに促す」と、西ドイツとの関係改善をこれ以上進めるつもりはないとの立場を公式には示す。

ホーネッカーとブレジネフ　1971年、社会主義統一党第８回党大会でのホーネッカーの演説。すぐうしろ左側にブレジネフが見える

これまで西側からの輸入によって資源提供量が増えたといえども、まだ東ドイツの必要不可欠な物資について、その七割をコメコン諸国に依存していた。なかでもソ連が占める割合は四割と突出して高かった。それゆえ、ホーネッカーはウルブリヒト時代にぎくしゃくしていたソ連との関係の再調整を期待する。

一九七四年になってソ連は東欧諸国向けの石油価格の改定を行ったが、それは東ドイツの期待を裏切るものとなった。ソ連産原油価格が毎年世界市場の価格に合わせて算定されることになり、価格は事実上上昇する。これは東ドイツの経済的な苦境を深刻化させる入り口となる。

ソ連との関係が改善しない一方で、両独基本条約の締結は本格的な東ドイツの国際社会への参入を可能にした。一九七三年には西ドイツと同時に国際連合へも加入し、その後西側諸国との国交が樹立された。戦勝国であるフランス、イギリスとの外交関係成立の後、アメリカとは七四年九月に国交を結んだ。なお日本とは、七三年に外交関係を樹立し、その後、ホーネッカーは八一年に国賓として来日して、両国は通商航海条約を締結した。

対ユダヤ人補償問題

アメリカは国交樹立に際して、ナチ体制の犠牲者、特にユダヤ人が所有していた財産の返還と補償請求に東ドイツが応えるべきだと見ていた。そこで、東ドイツ側で交渉の窓口となったアンチ・ファシズム抵抗委員会が、ユダヤ人側の対独ユダヤ請求委員会との交渉に臨んだ。

ただし、東ドイツ政府は請求委員会が求める外交交渉の形をとらず、一方的に解決策を示すにすぎなかった。請求委員会側は独自の調査によって補償額を算出して支払いを求めた。それに対して東ドイツ側は一九七六年一一月、人道的な精神に基づいてとだけ述べて一〇〇万ドルを寄付して問題解決を図ろうとする。この額は請求委員会の示した数字には到底及ばなかった。しかも彼らは請求委員会の意向を確認することなく、この決定を一方的にノイエス・ドイチュラントに発表した。東ドイツはあくまでナチスと闘った人びとによる国家であって加害者ではないのだから、補償責任は負わないという立場を崩さなかった。

この問題は東ドイツの崩壊直前まで、アメリカとの間での懸案として残った。そのため、東ドイツはアメリカから最恵国待遇を受けることができなかった。

世論の西ドイツ感情

東ドイツは一九八〇年代の初めまでには、一三二ヵ国との間で国交を結んだ。国際的な承認が相次いだにもかかわらず、国内では政府を評価する声は少なかった。国内社会では、それよりも西ドイツとの関係が重要視されていた。七二年、世論調査研究所は約四〇〇〇人の産業労働者を対象にして、全国でアンケート調査を行う。それによれば、約六五％の回答は政府の西ドイツに対する政策を正しいと評価していた。ただ、そのうちのおおよそ五五％は東ドイツがさらに西ドイツに譲歩をすべきと考えた。そして、政府による遮断の推進に同意する者は二五％ほどにすぎなかった。

約半数の人びとは、親せきが暮らしている西ドイツとの間では、他の国家関係とは異なり、厳格な遮断は必要ないとするアンケートの質問項目に同意していた。その後、世論調査研究所は閉鎖された。その原因はホーネッカーが都合の悪い数字を見たくなかったためだともいわれる。

実際、東西間のつながりは強くなっていった。両独基本条約調印後は、西ドイツの人びとが東ドイツに入国することは容易になった。また、東ドイツの人びとも冠婚葬祭といった〝緊急に家族に関する要件〟がある場合、西ドイツへ渡航できるとされた。ただ彼らが西ドイツを訪問する際は、逃亡を図らないようにするために、家族全員には渡航許可は下りなかった。東ドイツには、事実上人質が残される。

一九七三年には西ドイツや西ベルリンから延べ人数で約八〇〇万人が、東ドイツと東ベルリンを訪問した。東ドイツでは年金受給年齢に達した人はすでに六四年から西ドイツを訪問でき

ヘルシンキ最終議定書の調印式　一番左が西ドイツ首相ヘルムート・シュミット、隣が東ドイツの代表ホーネッカー

るようになっていた上に、比較的許可が下りやすく、七〇年の段階で約一〇〇万人が西へと出かけた。若年層の訪問機会は抑えられており、八〇年まで年間当たり四万二〇〇〇人を超えなかった。

これまでホーネッカーは国内に向かっては両国間の人の接触を可能な限り妨げる〝遮断政策〟を熱心に推進してきた。しかし、両独基本条約締結後は、国際的な評価に傷がつく恐れがあり、そこで西ドイツへの出国希望者に対する表立った抑圧は抑えられた。ただし、シュタージの監視機能は高められた。

この時期、ベルリンに関するトランジット協定が結ばれ、国際的にはベトナム戦争が終結して、米ソ以外の国々が台頭する多極化が進み東西冷戦は緊張緩和に向かっていた。そのなかで、ヨーロッパではソ連をはじめとした東側がこれまで求めてきた全ヨーロッパ規模での安全保障対話の推進に西側も同意した。そこで一九七三年から、アメリカとカナダ、ヨーロッパの中立国も参加した東西三五ヵ国の協議が始まる。この全欧州安全保障協力会議には、東ドイツも西ドイツとともに正規の当事国として参加した。

そして、七五年八月、交渉成果であるヘルシンキ最終議定書に調印した。このことは、東ドイツが西ドイツと並んで国際社会で承認を受けた証拠となった。この議定書は、戦後ヨーロッパの現状秩序の維持を確認した。締約国は具体的には、国境不可侵、武力行使放棄の義務、他国への内政不干渉に同意し、東西両陣営間の経済協力も謳われていた。そして、個人の人権と市民権を尊重する第三バスケットと呼ばれる条項も合意に至った。この条項は、西側が東側に求めたもので、往来の自由や情報のやり取り、そして文化的交流の促進も含まれていた。

この点は、本来西ドイツをはじめとした西側への人びとの往来を防ぎたい社会主義統一党にとっては問題となるはずである。それにもかかわらず、ノイエス・ドイチュラントは、このヘルシンキ議定書の全文を掲載した。彼らはこの国際的な取り決めが社会に及ぼす影響を過小評価したのである。

そのことが社会に与えた影響は無視できなかった。社会主義統一党指導部は西ドイツへの出国申請が爆発的に増えたことに驚く。申請書を提出した人に対しては、その個人のみならず家族に対して申請を取り下げるように、さまざまな圧力がかけられたものの、人びとは要求を掲げるにあたって、社会主義統一党書記長のホーネッカー自らが調印した最終議定書の自由な通行に関する権利を引き合いに出した。

両独関係の強化

両ドイツ政府の関係は、東ドイツの経済的な西ドイツへの依存を懸念するソ連がいながらも強まっていった。ホーネッカー自身も、ソ連からの経済的な支援が受けられなくなるのが明らかとなり、両独の関係改善を利用する方向に転じる。東ドイツは、両独基本条約締結後、政治犯やその家族を西ドイツへと出国させ、西ドイツはその対価を支払った。これは〝自由買い〟と呼ばれ、もともとは一九六三年から存在していた。

西ドイツのブラント政権は、両独間の人的な交流、特に東西で離ればなれになっている家族や親せきが容易に再会できるようになることを目指していた。これは一般には〝分断によって人びとが負った苦痛の軽減〟といわれていた。実は、両独基本条約の交渉が妥結したあとも、東ドイツにとどまっている家族の西ドイツへの出国問題が未解決のまま残されていた。

そこで、社会民主党院内総務のヘルベルト・ヴェーナーが一九七三年五月、東ベルリンを訪問する。彼はホーネッカーとは戦前の共産党活動時代から旧知の仲であった。両者はこの問題について解決を図ったのみならず、両独首脳の間にホットラインを構築することに合意した。

ホーネッカーは、ブラントの側近であったギュンター・ギヨームがシュタージのスパイであることが判明した際には、このことについて知らなかったと弁明し、西ドイツ側に今後の協力について提案した。ヴェーナーがそれに有意義であると応えて両独関係の冷却化は避けられた。ギヨーム事件によって退陣したブラント政権を引きついだ社会民主党の首相ヘルムート・シュミットもホーネッカーとの直接の回路を維持し、両独関係の改善に用いた。

憲法に定めた東ドイツの独自性の主張と、〝遮断政策〟は、現実には機能しなくなっており、単に東ドイツから人間を逃がさないための表向きの方便でしかなくなっていた。

ソ連との関係のさらなる冷却化

この両国首脳間の関係強化は、ソ連の不信感を一層掻き立てた。しかし、ホーネッカーは東ドイツの利益を実現しようとして、徐々にソ連からの自立を模索する。彼もウルブリヒトと同じく、ソ連の態度を見て自らの国益ないしは社会主義統一党の利益を優先したのである。

ソ連は両独間で進む関係改善を押しとどめることはできなかった。彼らはこれまで東ドイツに対する経済的な支援を削減してきた。その手前、両者の関係が表に出てこない以上苦言を呈するしかなく、東ドイツとソ連との関係は、ますます冷たいものとなっていく。

4 体制のほころび——一九七六年以降の東ドイツ

危機への入り口

一九七〇年代、東ドイツは外から見れば安定しており、世界で一〇指に入る先進工業国であるという評価も聞かれたものの、その内実はかなり脆弱であった。

安定から危機へ向かう転機となったのが一九七六年である。ホーネッカーはこの年に開かれた社会主義統一党第九回党大会で輸出を増やすとの決定を下した。そのための方策として、当時、東ドイツが得意としていた工作機械の品質を抜本的に改善し、競争力を回復させるとともに、この時期世界的な潮流となっていた電子機器の開発競争へ乗り出す。

イエナのカール・ツァイスやドレスデンのコンビナート・ロボトロンへの投資が増やされたが、この分野の成功はおぼつかなかった。というのも、東ドイツはすべての技術をほぼ自前で開発しなければならなかったからである。民生用であっても軍事転用が可能な物資や製品、技術の共産圏への輸出を禁止するココム（COCOM）規制によって、アメリカや日本、西ドイツからは必要な製品や技術の輸入はできなかった。また、ソ連の技術はもっぱら軍事目的で開発されたものであり、東ドイツには提供されなかった。

しかも、一九七五年にはオイルショックの影響で通商条件は悪化していた。原油の値段が一気に五倍へと上昇する。また、他の資源価格も、七五年から八一年にかけて一三五％という伸び率を示した。それに対して、産業用製品の価格は六〇％しか上昇しなかった。急速に国際収支が悪化し、輸出向け産業の現代化を進めるというこれまでの対外交易戦略も限界を迎える。

資源節約

この状況を打破するために、エネルギーと資源の節約が図られた。石油消費量を切り詰めるため、公的機関にある自家用車向けの駐車場は極端に減らされる。またトラックでの輸送量は減らされ、鉄道輸送に切り替えられた。農業機械の燃料の割り当てには制限が課され、さらには道路の照明も暗くなる。

この節約措置は東ドイツの商品や資材の流通に悪影響を及ぼした。製造現場に物があったとしても、それが出回らないという事態はより深刻になり、それが再度、製造現場に資材不足として跳ね返ってくる悪循環を引き起こしたのである。一九七六年に入り、店頭に並ぶ商品の供給が急速に悪化し、修理部品の不足や耐久消費財の提供の見通しも立たなくなる。目玉の住宅建設もコスト増大とともに停滞せざるをえなかった。

この時代以降の「不足の経済」は流通にその原因があった。こうして生活のうえでは、一九七〇年代前半と後半でそのイメージが大きく変わる。東ドイツの黄金時代は過ぎ去り、急転直下悪くなった。

西側債務の急増

一九七七年三月には、社会主義統一党の経済担当責任者であるミッタークと経済計画を立てる国家計画委員会議長のゲルハルト・シューラーは、ホーネッカーに対外交易に関する書簡を送った。西側に対する負債が七一年から七五年にかけて三倍に膨らんでおり、債務支払いが事実上困難になりつつあるとの内容で、彼らは輸入の削減と輸出の拡大を提言する。

これは〝経済・社会政策の統合〟の核心である住宅建設への投資の削減を含む社会政策的措

置の縮小を意味する。また彼らは消費財や公共料金への補助金の投入を制限するばかりか、値上げに踏み切り抜本的な対応をとるべきだとも述べた。

ホーネッカーは、対外交易における赤字があったとしてもそれは表面的な問題にしかすぎず、乗り越えることが可能であると信じていた。西ドイツからは、ドイツ間交易や借款を含めて年間二〇億から二五億西ドイツマルクを手に入れており、彼は社会主義統一党の直轄機関である通商調整部（ＫｏＫｏ）が貿易で確保する外貨や、西側からの訪問者の強制的な東ドイツマルク交換等々の外貨収入があると見込んだ。

しかし、現実には貿易赤字のほうが大きく、一九七六年から八〇年までの四年間で、西側の銀行に対する債務残高は、年間平均二六億マルクを計上した。西側負債の全体額は、七七年の一五五億から八〇年には二三六億マルクへと上昇した。

ブレジネフはこの状況に対して一九七九年、東ドイツ建国三〇年を機会にベルリンを訪問した際、社会主義統一党の全政治局員を前にして東ドイツを西側からの借款で破産へと追い込んでいると、ホーネッカーをかなり厳しく叱責《しっせき》する。それにもかかわらず、ソ連は東ドイツを援助しなかった。

またこの時期、農業生産高が減少したために、食料価格が上昇しかねない事態となる。これは工業生産の手法を取り入れて、人為的に穀物野菜生産と畜産との分離を推進した結果、土地がやせてしまったのが原因であった。

不公平の拡大

このような状態にもかかわらず、ホーネッカーは食料を含む基礎消費財や公共料金の値上げを拒否する。もし補助金を削減して値上げをすれば、ゴムウカ退陣を引き起こしたポーランドの社会的騒乱の二の舞となる恐れがあった。

社会主義統一党は嗜好品や耐久消費財の値段を据え置き、補助金を捻出《ねんしゅつ》する方策を強化せざるをえなかった。そのために考え出した苦肉の策の一つが、品質を劣化させたコーヒーの供給である。彼らは国内でのコーヒーの需要の多さから、輸入を減少させることは避けたかった。しかし、一九七三年から七四年の輸入資源価格は一七〇%も急上昇していた。コーヒーは七二年には一億五〇〇〇万マルクで買い付けていたが、七七年には六億七〇〇〇万マルクを支払わねばならなくなる。

そこで専門家は、コーヒー豆のみが入ったブランドと、混ぜ物をしたブランドに分けて販売することを提案した。〝ロンド〟ブランドはコーヒー豆のみの商品で、価格は一キロ当たり一二〇マルク、それに対して、〝ミッシュ・カフェー（混ぜ物コーヒー）〟はその半額で販売された。ミッシュ・カフェーにはチコリや甜菜、麦を煎《い》って加工したものが半分入れられていた。

人びとはこの商品に対して不満を抱き、何千通にものぼる請願が政府・党機関に届けられる状況となる。さらに厳しい視線はインターショップの店舗数増大にも向けられた。高品質のコーヒー、ロンドがこの店舗にはありながらも、町の国営小売店には通常価格のミッシュ・カフェーですらないことがままあるといった状況となる。

この事態は西ドイツマルクを持つ人を消費財購入の面で優遇することを明らかに意味し、一般の労働者は不公平を助長するものでしかないと見た。シュタージは、経済状況全体について「あらゆる階層の人びとの一部で、懐疑的、諦念《ていねん》的、悲観的そして否定的な見解が存在している」と報告している。

イクスクイジットラーデンやデリカートラーデンには、所得が高い人のみが利用できる価格帯の商品しかない。人びとには、これらの商店は党や政府の役人のような〝特権階級〟のみが利用できる場所と認識されていた。東ドイツ社会では消費をめぐって社会の階層化が進み、不公平が目に見える形になった。

情報の隠蔽が及ぼす不満の拡大

政府内部では深刻な議論がなされていながらも、東ドイツが置かれている経済状態について、人びとは正確な情報をえることがなかった。耐久消費財をはじめ、西側からの輸入品は高価格であったが、基礎消費財の低価格を支える補助金を捻出するための措置であるということさえ、人びとは知らなかった。しかも、ホーネッカーや党指導者が述べる観念的かつ楽観的な言説を聞かされ、国全体の経済問題を自らの問題としては意識していなかった。

社会主義統一党はすべての責任を負い、平等な社会を実現するために独裁的に政治を運営しているると説明している以上、社会から絶えず実現不可能な要求にさらされ続ける。しかし、彼らはできることとできないことを分けて、人びとに協力を求める姿勢をとることはなかった。むしろ、ホーネッカーは、第九回党大会で楽観的な将来像を提示する。彼は支配体制が不安定にならないよう、情報を隠蔽してごまかすことを選んだ。

むろん、東ドイツの人びとは西ドイツを基準にして、現状の良し悪しを判断する。消費生活での西側志向からくる人びとの不満は解消されなかった。その結果として、体制と社会との間の認識の乖離《かいり》は拡大し、人びとはますます不満を募らせるという悪循環に陥っていく。豊かな生活の恩恵を上から家父長的に与えようとしたホーネッカーの後見社会国家は限界に達した。

知識人への締め付け

それもあって、社会主義統一党は体制を直接脅かしかねない政治的批判や不満には神経をとがらせた。特に一九七六年以降、文化政策の締め付けがこれまで以上に強化される。この政策の責任者であったクルト・ハーガーは、社会主義への無理解ないしは反社会主義的な意図を持っている人物から、東ドイツの文化と芸術を守ることに躊躇はないと宣言した。社会主義統一党指導部は、明確な体制批判が知識人を通じて現れることを恐れた。

たとえば、作家のライナー・クンツェは一九七六年、東ドイツにおける青年への抑圧を批判する『素晴らしき年々』を西ドイツで公表した。もともと、彼は七三年以降特に問題視された人物であったが、これをきっかけに体制に敵対的であるとして作家同盟を除名される。彼は翌年には、西ドイツへと亡命する。また、ロックバンド、クラフト・レンフト・コンボは、その反体制的な姿勢からシュタージに目を付けられていたが、突然活動禁止を言い渡されて、メンバーの何人かは拘留される。

ビーアマン事件

知識人のなかでもとりわけ、シュタージが快く思っていなかったのはシンガーソングライターのヴォルフ・ビーアマンだった。彼は、西側でよく知られた知識人でもあるため、シュタージは国内での逮捕に踏み切れず、西ドイツに追放する計画を練っていた。

ビーアマンは活動を厳しく制限されていたが一九七六年一一月、西ドイツの金属労組の招きに応じて演奏旅行に出かける機会が与えられる。ケルンでのコンサートは、西ドイツのテレビ番組で放映され、東ドイツの人びとまで広く視聴することができた。東ドイツ政府はこのときを狙って、敵対的な人物であるという理由をあげ、彼の国籍を剝奪して東ドイツから追放する。

この行動に対してすぐさま、東ドイツ国内の著名な知識人が反対の声をあげた。劇作家ハイナー・ミュラーやシュテファン・ハイムらが政府に対して、この措置を撤回するように求める署名を集めたのである。彼らはビーアマンが不愉快な詩人であっても、自己批判を旨とする社会主義国家のなかでは許容されねばならないと主張した。

この署名には一〇〇人以上の俳優、作家、音楽家等々の知識人が名を連ねる。そして、彼らは東ドイツのメディアにその署名を送付し発表することを求め、さらに多くの請願が政府あてに出される。むろん、この行動は無視されたが、それと同時に彼らは西ドイツのメディアにも併せて署名を公開し、国内外で多くの注目と支持を集めた。

当局への抗議行動に対する締め付けは厳しく、公開での文化的催しは検閲の対象となった。その後、知識人の西ドイツへの出国申請は増加した。社会主義統一党は潜在的に体制批判の立場をとり、社会に影響を与える人間が少なくなると思い、むしろこの行動を歓迎した。知識人であれば西側へ逃げることができる点について国内では不満が生じた。人びとから見ればこれさえも特権とみなされたのである。

教会の役割の変化

東ドイツのプロテスタント教会は、ウルブリヒト期の一九六九年には、体制から抑圧を受けて全ドイツ的な組織を維持することを諦めた。そして、ドイツ福音主義教会とは別に東ドイツ福音教会同盟（BEK）が結成された。

ただ、教会同盟の議長で高位聖職者を監督する立場にあったアルブレヒト・シェーンヘルは、〝社会主義のなかの教会〟を合言葉に、体制との折り合いをつける提言をした。その内容は、

「社会主義の現実に順応するのではなく、かといって完全に否定するわけでもない、さらには自ら作りあげた厚い教会の壁の背後のゲットーに引きこもるのでもない」とされた。教会は政府に対して積極的に独立した社会団体として建設的な提言をするというのである。

ホーネッカーはこの教会の立場を無視することはできなかった。東ドイツの国際的な承認にとって、プロテスタントは西ドイツ、カトリックに至っては全世界との接点があり、ないがしろにはできなかった。それまでは旧市街の古い教会は破壊されることもあったが、一九七〇年代に入り、ベルリン大聖堂のような歴史的な建築物の改修工事も始まる。また、七六年以降、郊外に作られた新興住宅団地では、新たな教会が建設された。これは、西側からの金銭的な援助をえることができ、外貨獲得に寄与するものとも考えられた。

しかし、青年層の教会活動への積極的な参加には、非常に厳しい目が向けられた。こうしたなか一九七六年、牧師のオスカー・ブリューゼヴィッツが焼身自殺をするという事件が発生した。彼は信仰を持った子供と青年が学校で抑圧を受けていると告発したのである。

ノイエス・ドイチュラントはこれに対して、「君は誤ったことを述べるべきではない」と題するコメントを発表した。ブリューゼヴィッツの行為は政府から誹謗《ひぼう》と中傷を集中的に浴びた。この事態に、教会関係者のみならず一般の人びとからも激しい抗議の声があがり、新聞への投書や請願が多く寄せられる。

社会主義統一党と教会との関係は、一九七八年、ホーネッカーとシェーンヘルが会談を持ち変化する。教会側は、社会主義社会におけるキリスト者の社会的な機会の均等を特に求めた。シェーンヘルは、教会の信徒として活動する青年が学校や職業教育、就職において不利を被り続けていると問題視し、ホーネッカーは差別を是正すると約束する。また、教会はテレビやラジオで番組を放送できる権利をえた。

この会談によって、教会の自立性が認められ国家と教会との関係は安定したかに見えた。ただ、ホーネッカーは会談の後、すぐに学校教育での軍事教練の義務化を決定する。教会は、この決定について若者の平和に対する意識を損ない、東ドイツが掲げる平和政策に抵触すると批判した。両者の間には緊張関係が残り続けた。これが、教会の底辺部の牧師が自ら積極的な社会活動に乗り出し、反対派を庇護《ひご》する理由の一つとなった。

コラム⑤ トラバントと「オスト・プロダクト」の今

いつごろからトラバントをドイツの公道で見かけなくなっただろうか。筆者がはじめてドイツに行った一九九九年の春には、建設ラッシュ中のベルリンで行きかっているのを見ることができた。その後、二〇〇五年に本格的に留学する機会を得て、北の港町ロストックに六年間暮らすことになった。このころには、トラバントが走っているのはさすがに一日に一度見られるかどうかという状況になっていた。むしろ、ベルリンでは観光客向け乗車体験のトラバントが走っていた。

留学を終えて日本に帰ってきてからしばらくはドイツを訪れることはできなかった。その間の様子はわからない。ただ二〇一七年春以降、またドイツに行きだしてからロストックでもトラバントはまず見ない。現在、新しい車を開発するという噂《うわさ》もあるが、実際に売れるかどうかはわからない。

東ドイツの製品を「オスト・プロダクト」というが、すべてが消滅したわけではない。商業的に最も成功しているのは、東ドイツ時代の歩行者用信号機の人間の形、帽子をかぶった男の人「アンペルマン」であろう。アンペルマン・グッズはたくさん販売されている。しかも西側の信号機にもこのアンペルマンは進出している。すべてが旧西ドイツに植民地化されたといわれるなかで、唯一東から西を侵食している成功例といえなくもない。

現役のトラバント（2018年3月シュトラールズントで）

陶磁器のマイセン焼きも東ドイツのものであることを忘れることはできない。しっかりとしたブランド戦略によって、日本でも陶磁器ブランドとして確固とした地位を占めている。ほかにも、陶磁器メーカーとしては「カーラー（Kahla）」というメーカーもある。こちらは日本に一時紹介されたこともあるが、今ではあまり聞かない。

日本に進出していない「オスト・プロダクト」でドイツに行った際、持ち帰るお土産として重宝するのが、エアフルトで復活したお菓子メーカー「ヴィバ（Viba）」のチョコレートである。ただ、九月でも真夏の気温の日本に持ち帰るとなると、暑さで変形してしまうのが困りものではある。

これらの例は、東ドイツ時代そのままというわけではないが、商品を現代に合った形にアレンジできれば復活する余地があることを示している。ただ、それにトラバントが加わるかといえば、厳しいのではないか。少なくとも、現在の技術水準では、東ドイツ時代に一般的だった、部品を手に入れて修理をして使い続けるということはまずできないだろう。

トラバントやヴァルトブルクといった車の良さは修理ができれば、なんとか走ることにあったはずである。その意味でもどこまでも東ドイツとともにあった車ということになるだろう。中古車市場ではトラバントはないわけではない。どうしても欲しい場合は、ドイツの特に東側地域の新聞に読者広告を載せて売り手を探すのも手かもしれない。輸入しても日本で車検に通るかどうかは専門家の判断を仰ぎたい。

コラム⑥　請願と日常生活の政治

驚くべきことに、東ドイツ歴史研究を進めていくうえでは、当時の住民のさまざまな政策に対する反応や彼ら自らの意見を述べる史料に事欠かない。それは、世論調査、新聞や雑誌、さらにはテレビ番組などへの読者・視聴者投稿だけにとどまらない。それにも増して有用なものと認められているのが「請願（Eingabe）」と呼ばれる文書である。

身近に個人が抱える個別具体的な問題の解決を図るために、人びとは行政当局に解決を求めて請願を書いた。その内容は消費財の供給不足、小菜園区画の割り当てを求めるものまで多岐にわたる。

請願のなかでは住宅供給の不足を訴える苦情が最も多かった。一九八〇年代になると生活環境の悪化や健康被害に関するものも増加する。東ドイツの人びとはこの請願のなかで、それぞれの政策への提言を書くこともあった。

請願は一般的には行政機関に提出される。中央の国、県さらには町や基礎行政体であるゲマインデのどこに出してもよかった。国のレベルでは大統領府である国家評議会が責任を負っていた。人びとはまずは町に請願を出し、らちが明かないと思ったら国に出すということもあった。また、行政機関だけでなく、社会主義統一党や労働組合に代表される大衆団体に送ることもできた。

各役所はいったん受け取った請願について、法律上必ず返事を出すことが求められていた。それは、当初、一〇日から二一日以内、のちには四週間以内に出すことになった。

なかには、国から地方へ再度検討するようにと指示が付けられて回されたものもある。町のレベルでは実際に請願を出した人から、対面で意見を聞くといったことも行われていた。しかし、必ずしも人びとの不満を解消できたとはいえなかった。請願は体制によるガス抜きの役割を期待されたのかもしれないが、その機能を十分果たせなかった。

当局は人民議会や地方議会の選挙時などには、特別に請願を受け付ける一種のキャンペーンも行っていた。むろん、これは行政や社会主義統一党、労働組合といった組織運営に過大な負荷をかけることになった。自由選挙をしない独裁体制には、その体制ならではの苦労があったということになる。

今、東ドイツの政治社会史を研究する者は必ずといってよいほどこの史料を用いる。人びとの声を拾っていくと、独裁体制だからといって自らの声を押し殺して、体制を賛美する請願はまったくといっていいほどない。むしろ政府の政策に対する率直ないしは辛辣《しんらつ》な意見が見られる。

請願のなかで人びとは、この国に多くの貢献しているので、自分の利益は考慮されるべきだと主張している。また、政府や社会主義統一党が実現すると約束しているのだから、それを果たせないのはおかしいと、権力側の言説を逆手にとった意見も存在する。なかには、西ドイツへの亡命申請を出すといったような体制に目を付けられてもおかしくない発言もある。これは、体制が西ドイツを超えるといいながらも、それを実現できないのはおかしいという批判の声だった。

　この国ではごくごく身近な問題こそが政治問題として問われ続けていた。いわば、日常が政治化せざるをえなかったのである。

　そのなかで、危機的な状況を迎える一九七六年以降、亡命申請ではないが西側への旅行の自由を求める請願が急増した。また、反対派に与《くみ》する人物も請願を利用して、環境問題の悪化を食い止めるように求める手段として利用するようになっ

請願処理方法

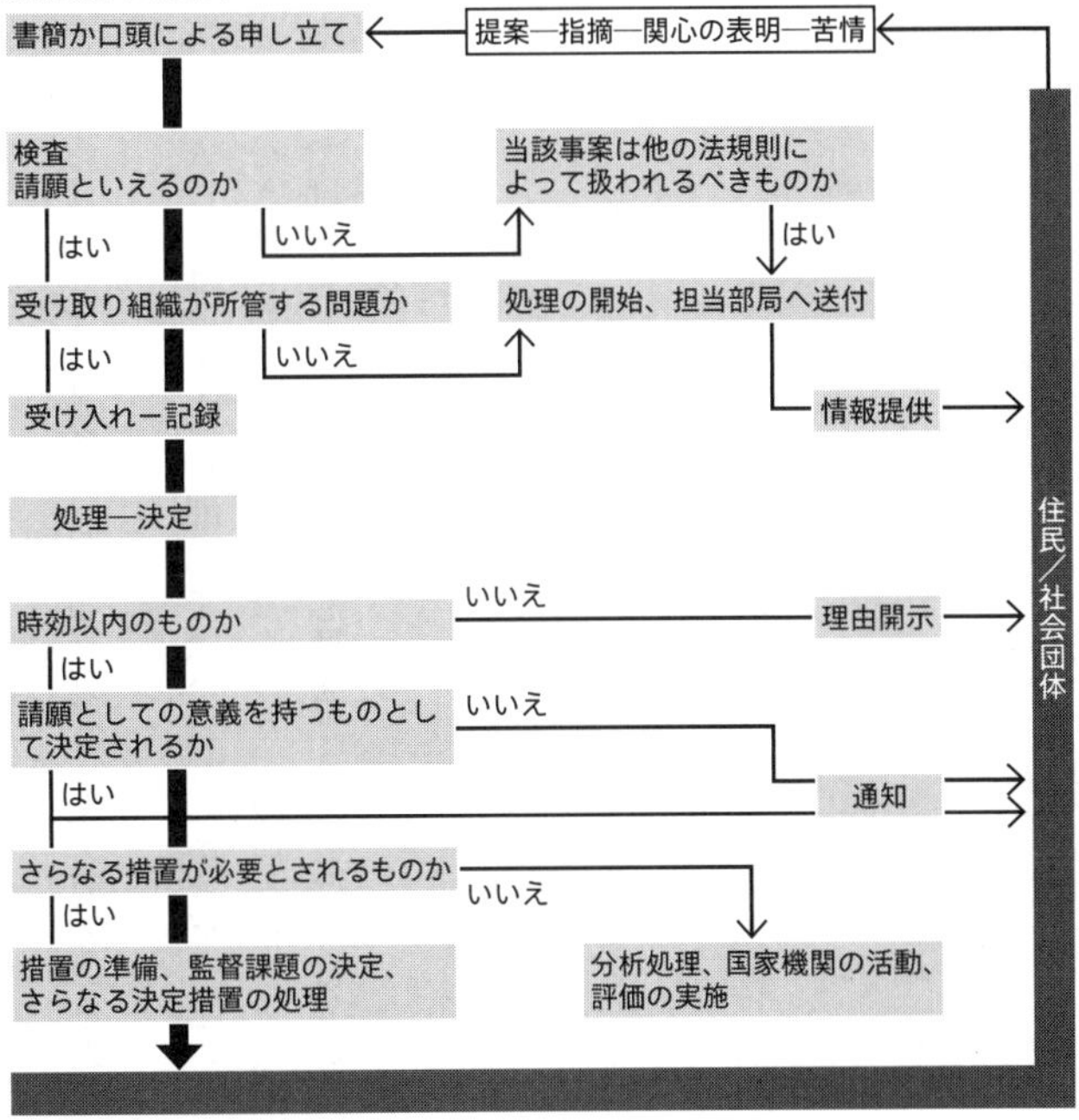

た。これまでとは請願の質が変化して、社会主義統一党にとっては触れてほしくない政治的な話題が直接表に現れるようになった。知らず知らずに請願の持つ質が変化したと見ることができる。

少なくとも、東ドイツに暮らしていた人びとは政治的に無関心ではいられなかった。というよりも、そのような態度をとることは自分が生き残るためにできなかった。政府や社会主義統一党にはいつもいい顔をしながらも、裏では批判をするといった態度をとることは、自分が抱えている身近な問題を解決するためにはありえなかった。

第5章　労働者と農民の国の終焉——崩壊　1981‐1990

1　新冷戦と東ドイツ

指導部と政策の硬直化

社会主義統一党の政治運営は、一九八〇年代に入りルーティン化して久しかった。党大会は、五年に一度、中央委員会総会は一年に二から三回の割合で、さらに、政治局会議は週一回例外はあるものの火曜日に開催されていた。政治局員はほぼ同じ顔ぶれだった。新しいメンバーとして、のちに最後の社会主義統一党書記長となるエゴン・クレンツが八三年に、その翌年にはベルリンの壁の崩壊で決定的な役割を果たすギュンター・シャボウスキーを含む四人がくわわった。党最高指導部の人事と同じく、政府首脳人事もほぼ代わり映えしなかった。

すでに党の最高意思決定については、書記長のエーリッヒ・ホーネッカーだけが全体に通じるだけで、そのほかの政治局員や書記は、自分の担当部門の問題しか理解できない状況になる。当の政治局員は、この状況を体制崩壊後にプロイセン的規律と称している。彼らはこの行動様式こそ党指導部が秩序だって行動している証左であり、停滞を招くものとしてではなく、当たり前だと認識していたのである。

社会主義統一党が推進してきた政策や、それに対応してきた人びとの独自の行動によって東ドイツの社会構造もそれまで以上に複雑になっていた。硬直的といえる政治決定過程のあり方が、この一九八〇年代の時代状況に耐えられるかどうかが、まさに問われることになる。

一九八一年四月、第一〇回党大会の党報告は従来の経済成長目標が達成できなかったにもかかわらず、それには何ら言及しないまま、今後の経済成長率の見通しを五％と発表した。そして、ホーネッカーが唱える〝経済・社会政策の統合〟を維持する。社会主義統一党は大幅な成長が見込まれる経済部門への集中的投資を計画し、そこには七〇年代後半から重点分野となっていた半導体製造の他、産業ロボット、オートメーション技術が挙げられていた。ただ、この分野への投資は、再三問題になっているように、社会政策の充実との両立は困難でありながらも、その矛盾をホーネッカーに伝えるものはだれもいなかった。

東ドイツ・アイデンティティーの模索

一九八〇年代初頭は国際政治上、新冷戦と呼ばれる東西対立が再燃した時期でもある。七九年にソ連がアフガニスタンに侵攻して世界的に緊張が走った。また、ソ連はこれまでの核軍縮交渉の対象とされていなかった中距離核ミサイルの配備を始めていた。この新型の可動式核ミサイルＳＳ20は、移動が容易であったことから西側は危機感を抱く。

ＮＡＴＯはそれに対応する必要から、このままソ連がミサイルの配備を続けるならば新型のパーシングⅡ型ミサイルを西欧諸国に配備する、ソ連が撤回するならば配備はしないとする二重決議を一九七九年一二月に採択した。結果的には西欧に新型のミサイルは導入され、東西双方の社会で核戦争への危機意識が高まった。

ホーネッカーは一九八〇年、西ドイツに対して東西ドイツは同じ国民ではないのだから東ドイツ国籍の存在を承認するように迫る演説をチューリンゲン地方のゲーラで行った。その際彼は、西ドイツ・ニーダーザクセン州の東ドイツ境界に近いザルツギッターにある東ドイツの人権状況を監視する機関の廃止と、両独常駐代表部の大使館への格上げも要求した。

西ドイツでは、東ドイツもソ連に従って西側に対する緊張関係を維持するものと受け止められた。しかし、この発言はもともと社会主義統一党関係者に向けられており、目的は党内と国内の引締めにあった。ホーネッカーはヘルシンキ議定書発効以来、東西ドイツ双方の民間レベルで人と物の往来が容易になったことへの危惧を表明したのである。

本来ならば国際環境の緊迫化は両ドイツ関係の緊張も誘発するはずだが、東西両ドイツとも、同盟国の盟主と自らの利益を比較して、折り合いをつけた行動を模索する。

東西ドイツ政府の関係は一九八一年末、西ドイツ首相ヘルムート・シュミットが東ドイツを公式訪問したことでさらに深まった。この時、ホーネッカーは次年度以降の早い時期に、ボンを訪れるよう正式要請を受ける。むろん、両ドイツの関係がいくら改善しても、西ドイツは東ドイツを主権国家として承認したわけではなかった。ホーネッカーはそれゆえ、東ドイツの人びとがドイツ人としての一体性を意識した行動をとるのではないかと恐れた。

それまで以上に、東ドイツ独自のナショナル・アイデンティティーが必要とされた。ただホーネッカーがそのために使った方法は、ドイツ史の偉人を再評価してそれを東ドイツの伝統に組み込むことだった。宗教改革を行ったマルティン・ルターやプロイセンのフリードリッヒ大王の再評価がなされた。彼らは肯定的なイメージを付与されて語られるようになる。その一環として、一九八〇年にはフリードリッヒ大王の騎馬像がウンター・デン・リンデンの大通りに再設置された。

社会主義統一党は、それぞれの地方史を掘り起こそうという活動も行った。これは一つには、東ドイツ・アイデンティティーに組み込もうとする歴史がプロイセン中心のものであり、それを修正する意味もあった。さらには、地元の史跡の意義や歴史を再点検して展示し、郷土帰属意識を高めながら社会主義ネイション像を定着させようとする。

しかし、社会主義統一党はナチスへの抵抗の闘士、そして犠牲者としての立場と、ドイツの伝統や各地方の歴史を組み合わせた東ドイツ・アイデンティティーを確立できなかった。人びとは西ドイツの豊かさにあこがれを抱いており、西ドイツとの国民としての共通性は容易には失われなかった。

ブレジネフの協力拒否とシュトラウス借款

東ドイツは西ドイツとの関係が好転するのに反して、ソ連とはもはや良好な関係を維持できなくなる。一九八一年第一〇回党大会終了直後、レオニード・ブレジネフは東ドイツに一方的に原油の供給量を減らすと通告した。この年、本来ならば一九〇〇万トンを受け取るはずであったものが、一七一〇万トンになる。そのため、社会主義統一党はソ連の原油供給を前提に作っていた経済計画を修正する必要に迫られた。

ホーネッカー自らソ連に対して抗議の書簡を送り、ソ連側から説明の使者が訪れる深刻な事態となる。

我々のコンビナート計画は、次年度分について決定している。もし削減が始まれば、我々はすべての企業を停止しなければならない。全ての社会主義諸国に行き渡る〔原油〕七九〇〇万トン、そのなかで東ドイツは一九〇〇万トンが重要だ。我々の状況を理解して、支援してくれるようにお願いする。そのような削減は恐るべき事態を引き起こしかねない。ブレジネフ同志に、この決定を再考するよう伝えてほしい。（*SAPMO-BArch, DY 30/J IV 2/2*

A 2531, zitiert nach Andreas Herbst et. al.（Hrsg.）, *Die SED. Geschichte, Organisation, Politik*, S. 753)

一九七〇年代後半以降、オイルショックによって石油製品の値段が上昇する。東ドイツはそれに乗じて、ソ連産原油を加工したうえで西側に輸出し外貨を稼いでいた。ホーネッカーはその外貨を対外債務の支払いにあてて、経済発展を進めようと計画しており、その見直しが避けられなくなる。さらには、国内の石油使用は抑えられ、褐炭がエネルギー源として再び大量に用いられるようになった。それがこの時期以降の環境汚染が深刻化する一因となった。

この事態を前にして開催された八一年一一月の第三回中央委員会総会は、本来であれば先に決定した計画案を見直す機会となったはずである。しかし、ホーネッカーは今まで通り経済政策の成果を脚色してでもよく見せようとした。彼は一〇年前に最高指導者の座について以来、住民の生活水準の維持と向上を掲げており、〝経済・社会政策の統合〟の看板を下ろせなかった。

従来この政策を維持できたのは、西側諸国からえた借款があったからだった。一九七〇年には二〇億西ドイツマルクを借り入れており、八〇年までには二三一億西ドイツマルクへと増加した。しかし、過重な対外債務の利子払いに苦しめられ、償還が困難となる深刻な事態を招いていた。

そもそも、ソ連が原油の引き渡し量を減らしたのは、自らの経済状況の悪化が原因で、東欧諸国への経済支援は不可能になっていた。この事態を受けて、西側の銀行は東側諸国に対して借款条件を厳しくし、容易には債務の乗り換えができなくなる。

この状況を救ったのは、中道保守政権に政権交代した西ドイツだった。一九八三年、バイエルン州首相で当時は最も保守的な政治家と目されていたフランツ・ヨーゼフ・シュトラウスは、一〇億西ドイツマルクの新たな借款を西ドイツ政府の保証付きで東ドイツに提供した。東ドイツからはこの交渉には、対外交易部門を率いて外貨獲得を担う通商調整部の責任者であったアレキサンダー・シャルク・ゴロトコフスキがあたった。これと同規模の借款は翌年にも供与される。

バイエルンの州首相フランツ・ヨーゼフ・シュトラウス（左）とアレキサンダー・シャルク・ゴロトコフスキ（右）

東ドイツはこの借款によって西側からの信用を維持できた。その後、ソ連産原油を用いた石油加工製品の輸出の増大もあって一九八五年までに対西側債務は、一五五億西ドイツマルクへと減少する。

〝遮断〟から〝理性の連合〟へ

この一連の出来事は、東ドイツにとってソ連と西ドイツ双方との外交調整の必要性を感じさせるものとなった。ソ連が軍隊の駐留により軍事的プレゼンスを維持し、同時に経済的にも東ドイツの社会主義体制を支えるという構図が、事実上成り立たなくなる。ホーネッカーには、体制の安定を図るために、積極的に西ドイツとの関係改善を図る必要があった。彼は一〇年前、彼自身が批判したウルブリヒトと同じ状況に陥った。

ブレジネフが一九八二年一一月に死去した後、秘密警察と諜報《ちょうほう》組織の責任者であったユーリー・アンドロポフがソ連共産党書記長に就任した。彼は東ドイツが進める両独関係の改善をそれほど問題視しなかった。むしろ経済的には、ソ連がもはや東ドイツを支えられないと認めていた。しかし、彼は書記長就任後短期間で死去した。その弔問外交の席上、ホーネッカーは初めて西ドイツ首相ヘルムート・コールと会談を持ち、両国の友好関係の発展を目指すことに合意する。すでにこの間、彼らは書簡のやり取りを通じて、両独間での緊張緩和を図ろうとする〝理性の連合〟という方針を確認していた。

ただ次のソ連指導者、党官僚畑出身のコンスタンチン・チェルネンコは、ホーネッカーの宥《ゆう》和《わ》姿勢を徹底的に批判して警告する。それゆえ、彼の西ドイツへの公式訪問は予定を立てられなくなった。また、社会主義統一党政治局のなかにも、外交政策でのソ連からの逸脱を危惧する声があり、ホーネッカーはソ連の軍事的な影響力を無視した行動にまで踏み切れなかった。

一九八五年三月、そのチェルネンコが死去したときも、ホーネッカーとコールはモスクワで再度弔問外交を行う。その際、両独の関係改善の可能性が示される。両者はヨーロッパの現状国境の不可侵、各国の主権の尊重が、平和のための基本条件であると再確認した。そして、「ドイツの地から再び戦争を決して引き起こさない、ドイツの地から平和が始まらねばならないのだ」と共同宣言を発表する。

その一九八五年、ソ連共産党に若い指導者ミハイル・ゴルバチョフ（一九三一〜）が登場してもすぐにはホーネッカーのボン公式訪問の許可は下りなかった。ゴルバチョフは米大統領ロナルド・レーガンとの会談を優先し、東ドイツにはその結果を待つように求めた。

一九八〇年代前半には、東ドイツは金融経済協力の面ではソ連から自立しなければならない一方で、核や軍事戦略が関わる政治外交面では、その軛《くびき》から自由にはならなかった。

2　経済・社会保障体制のいきづまり

イノベーションの遅れ

一九八〇年の経済計画で、ホーネッカーは半導体を中心とした電子産業への投資に固執する。これまで東ドイツが重点輸出製品として扱ってきた汎用《はんよう》の産業機械にも、電子技術が組み込まれるのが当然となっており、その変化に適応しなければならなかった。

後々の話になるが、体制が崩壊する一九八九年、ホーネッカーはゴルバチョフと会談した際にその成果を強調するが、実際の製品は、到底西側との競争に勝てるようなものではなかった。東ドイツでは、当時普及し始めたコンピューター機械のうち利用可能なものが三万五〇〇〇台、二五六キロバイトのメモリを作るのに五三四マルクを必要とした。

同時期の西ドイツで稼働していたコンピューターは八七万五〇〇〇台、同じ性能水準のメモリは世界市場ではたったの四から五西ドイツマルクで取引されていた。東ドイツでは、生産するのに多額の補助金を投入する必要があった。これでは価格や性能の面でまったく競争力がない製品でしかなかった。

一九八〇年代に入り、もう一つ生産拡大を目指したものが自動車産業である。トラバントとヴァルトブルクの二つの代表的な車種について、外見はそのままにエンジンの改良を試みる。これまでの自動車は二サイクルエンジンを搭載しており燃費が悪く、二酸化硫黄に見られる有害燃焼酸化物を大量に排出する難点があった。そのため、輸出先の東欧諸国においてすら、ガソリンの値段が高騰しているうえに環境汚染が問題視されるなかで、魅力がなくなっていた。

西ドイツのフォルクスワーゲンを前にして、東ドイツの人びとは、自国の自動車産業の遅れを見せつけられた。そのため、社会主義統一党は四サイクルエンジンを搭載した車の製造を決める。この計画には一九八〇年代後半に一一〇億マルクが費やされたものの、この金額は八五年の全機械製造への投資額の約二倍にも達した。しかも製造ラインが稼働したのはようやく八八年一〇月になってからだった。

深刻さを増す経済状態

自動車製造と電子産業以外の工業部門は、この投資の重点化の煽りをうける。一九八九年時点で、五〇%にのぼる産業機器の使用年数は一一年以上に及び、さらにそのうちの半数は二〇年以上前から稼働しているという状況だった。生産現場では、計画通りの生産がなされなくなっていた。

また、この計画はインフラ整備にも多大な悪影響を及ぼした。鉄道でも時速一〇キロメートルしか出せない箇所が多数にのぼり、公道の五五%が異常をきたす状況ともなる。東ドイツが定める基準ですら走行不能な状態にあるとされた道路は、一八%に達した。さらには、電信電話装置に至ってはほとんどが二〇年以上も使用され続けていた。設備の老朽化は、労働災害を多発させ、多くの時間と労力を補修や修理に取られるようになる。

ホーネッカーはこの極端な経済投資計画を実行しながらも、従来からの社会政策重視の姿勢を撤回しなかった。そのなかでも、とりわけ一九七〇年代から核心とされていた住宅政策への肩入れは続いた。新規の住宅建設への予算配分は、すでにウルブリヒト期末期の七〇年には五・六%を占めていたものが、八八年には七・八%にまで上昇した。

一九七一年から八八年にかけて、新たに一九〇万戸の住居が利用可能となった。そして、一人当たりの居住スペース面積は二〇から二七平方メートルへと拡大した。それにもかかわらず、住宅の全体の総量は、九四万五〇〇〇戸増加したにすぎなかった。各都市の郊外型住宅団地の建設が優先された反面、大戦以前からのものも含め、旧市街の住宅修繕費用は十分ではなく、使用不能になる住居が多かった。

ここでは雨漏りや、床が抜けた場所から階下の部屋が見えるのは当たり前で、道路に面した場所では車が通ると、建物が揺れるというありさまであった。むろん、ガス暖房のセントラルヒーティングは望むべくもなかった。

農業では最低限の食料供給を保証するため、食用穀物生産が飼料穀物を犠牲にして強化される。その結果、パンの供給には問題がないものの、二度にわたって、食肉、バターや牛乳といった畜産加工品の深刻な不足を引き起こす事態になった。野菜や果物といった農産品の供給不足も深刻化の一途をたどる。また、バナナに代表される南国産の輸入品は、外貨不足から十分な量を確保できない状況が続いた。

補助金漬けの経済

食料供給量の減少はその価格上昇を招く。しかしながら、基礎食料品を含む生活必需品については、これまで同様多額の補助金が投入されて低価格が維持された。補助金の国庫からの投入額は、一九八三年の一二一億から八五年には二七六億マルクへと急上昇する。

また、住宅の家賃についても引き続きこの補助金を投入して低く抑えられた。その総額は一九八二年には二一五億マルクが費やされていたものが、八九年には五〇六億マルクへと倍増した。これは一年の国家支出の一四から二一%に及ぶ。

家賃のみにとどまらず、ヨーロッパでは一般的に高額となる水道料金、さらには電気やガスといった光熱費一般にも補助金は多く支出されていた。公共交通機関の利用料金も低額に抑えられ、保育施設の利用や医療も無料で提供され続けたのである。事実上、日常生活で支出する全費用のうち、家計に占める補塡額の割合は家賃補助を除いても二六%に及んだ。

価格が安く抑えられ、供給がある商品については、浪費が当たり前ともいうべき状態になった。野菜や果物よりも炭水化物の消費が多くなれば、人びとにとっては肥満の原因になる。また、光熱費が極端に安い状態では消費を節約しようとする意志は働かず、無駄づかいをする。

劣悪な居住環境ではエネルギー効率も低下する。しかも冬場に使用される暖房熱源は、旧市街の古い住居であれば石油や石炭の不足からほぼ褐炭である。こうして、都市部における煤煙《ばいえん》がもたらす環境汚染は深刻さを増した。人びとの生活の最低線を支える補助金が、彼らの健康や地域の環境衛生を脅かす存在になるという矛盾を引き起こしたのである。

消費財不足の深刻化

外貨不足の解消を目指して海外商品の輸入量を減らし、さらには国内投資を減らしたために、

西ドイツ・西ベルリンからの消費財の個人輸入量（1979）

品目	郵送	個人持ち込み（推計）西ドイツ住民	個人持ち込み（推計）東ドイツ住民	総量
コーヒー	9.3	5.0	2.4	16.7
チョコレート	7.7	7.3	3.6	18.6
カカオ	1.9	1.3	0.5	3.7
保存食品	3.0	6.6	2.4	12.0
石鹼	13.5	6.5	4.5	24.5
紳士服	1.8	0.6	0.2	2.6
婦人服	8.8	2.4	1.5	12.7
上着（トリコット製）	8.7	4.0	3.0	15.7
ワイシャツ	2.0	1.0	0.3	3.3
ストッキング	11.4	9.2	4.4	25.0
下着（トリコット製）	5.1	2.0	1.0	8.1
タオル類	5.3	1.4	0.8	7.5
靴	1.1	0.8	0.3	2.2
子供靴	0.4	0.3	0.1	0.8
時計	0.5	0.5	0.1	1.1
トランジスター機械（ラジオ等）	0.4	0.4	0.1	0.9
ポケット電算機	0.2	0.4	0.1	0.7

コーヒー、チョコレート、カカオの単位は1000トン。その他は100万（各単位）

そのほかの消費財一般についても不足が隠せなくなる。そればかりか、高付加価値製品の値段は、基礎商品にかけられる補助金を補塡するために極端に高くなった。

人びとの不満は現代的な豊かな生活が実現できない点に向けられた。西ドイツのテレビ電波を受信するのは当たり前になっており、西側の外国製品についての情報は容易に東ドイツに入ってきた。また、インターショップを利用できる人ならば、実際に目にして手に取って確認することができた。西ドイツの親せきを訪問すれば、生活の実態に触れることにもなる。実際に目にした西側の町の豊かな色合いは、東ドイツの灰色の町と比べた時に衝撃的な印象を与えた。

東ドイツの自家用車の購入には予約したのち、相当の時間が必要であることはすでに指摘し

行列に並ぶ人びと

たが、体制末期になると新車の納入には、車種に応じて一二年半から一七年もの時間がかかった。

町を走っている車の六一%はすでに一〇年以上使用されているものだった。むろん、故障した場合の代替部品も少なかった。たとえ廃車になったとしても使える部品は取引の対象となり、中古車であっても新車の二倍以上の値段がつくことがあった。また、闇市に出品されている西側の車が法外な値段で取引されていると警告するシュタージの文書も残っている。

しかも申し込み型のシステムゆえに、どのくらいの需要があるのか正確には把握できなかった。人びとにとってとりあえず自動車購入の申し込みをするというのが、当然になっていたからである。注文そのものさえも、二〇〇〇から四〇〇〇マルクで取引された。ないしは、家族、親せき一同全員で申し込みをし、そのうえで当選した場合に家族内ですでに使っている中古車を譲渡しあった。

商品の供給量に限りがある以上、それを手に入れられる人とそうではない人が生まれる。この差について、ベルリンが優遇を受けている、ないしは腐敗や袖《そで》の下が横行しているとする批判もある。

さらには、もし親せきが西側にいれば、商品を輸送してもらい、それを売りに出すことも可能だったのである。一九七〇年代末には、個人輸入の形で輸入されたカカオ、衣服、靴といった商品は小売り全体の約三分の一にまで及んでいたとされる。八〇年代後半にはその状況はさらに拡大し、各種商店での一般的な提供量を上回るまでに成長する。東ドイツ社会で以前から存在していた人びとの間のコネクションが日常生活で重要性を増した。

東ドイツマルクの価値が下がっていったために、一九七〇年代にも増して西ドイツマルクを所有しているか否かが、消費財を獲得できるかどうかの鍵となった。消費生活では、西側とのつながりいかんによって、持つものと持たざるものとの差が大きい社会となった。

ゲルハルト・シューラーの提案

一時は減少したかに見えた対外債務は再び急速に増加した。これまで社会主義統一党が推し進めてきた〝経済・社会政策の統合〟の限界は目に見えて明らかになった。そこで一九八八年、国家計画委員会議長であったゲルハルト・シューラーは、ホーネッカーへ個人的に「一九八九年ならびに今後の経済計画に関するさらなる活動のための考察」と題する提案をした。

彼はマイクロ・エレクトロニクス分野への投資を停止するよう求め、その代わりに、国際的な競争力がある工作機械分野に注力すべきと主張する。また、工場でのエネルギー消費の節約を訴え、家賃、光熱費、子育てのための各種補助金の削減も挙げられていた。

この提案は退けられて、シューラーは批判を受けた。最終的には政治局で議論された次年度以降の目標は、ほぼ従来通りの路線を踏襲する。にもかかわらず、シューラーは引き続き対外債務の削減に努めねばならなかった。ホーネッカーにとっては社会政策の基礎にある補助金の削減は、自らの支配の正当性の根拠を喪失しかねないために受け入れられなかった。彼にはウルブリヒトの末期と同じく柔軟な判断は望めなくなっていた。

その一方で、東ドイツに暮らした人びとは不足経済の影響を被って、体制に対する不満を募らせていく。彼らはそれと同時に、社会主義統一党がこれまで実施してきた社会政策の恩恵を手放すつもりもなかった。たとえそれが、東ドイツの経済や環境に悪影響を及ぼすとしても、所与の福利厚生は当たり前だと感じていた。

3　対ソ連関係の変化と反対派の活発化

ゴルバチョフとホーネッカー

一九八五年三月、ソ連共産党書記長に新たに就任したゴルバチョフは、国内の政治改革であるペレストロイカと、翌年には情報公開を意味するグラスノスチを始めた。さらに、東側同盟国に対する負担を軽減しようとし、東欧諸国にもソ連に倣った国内改革を促そうとも考えていた。

ただ、東ドイツが置かれていた状況は、他の東欧諸国と違い複雑であった。ゴルバチョフはこれまでの前任者と同様、両独政府の接近を警戒していた。ことあるごとに東ドイツの存在はソ連がなくては成り立たないとも述べている。事実、ソ連軍は約五〇万人が駐留していたし、ベルリンの管理を含め、いまだに第二次世界大戦後の取り決めは有効だった。

その一方で、ソ連は東ドイツの西ドイツからの借款導入を批判しながらも、石油代金を為替交換用マルクすなわち西側外貨で受け取るなど、東ドイツに配慮する余裕がなくなっていた。政策の違いだけでなく、ゴルバチョフとホーネッカーの間に友好的な人間関係を築くのは困難であった。彼らの年の差はほぼ二〇歳あり、ホーネッカーは自らの経験を墨守したいと考え、政策の誤りを認めたくないため改革には後ろ向きであった。また、ソ連は改革に協力しろとはいうが、そのための支援はしないといっているように、彼には聞こえたとしても不思議ではない。

ホーネッカー（右）とゴルバチョフ（左） 1986年4月、社会主義統一党第11回党大会時

ホーネッカーは一九八七年二月、社会主義統一党の郡第一書記を前にして、ゴルバチョフの改革とは距離を置くと発言する。しかし、党指導部とは反対に広範囲にわたる人びと、一般の

党員はゴルバチョフの改革に期待を抱いた。これまでの歴史とは異なり、ソ連の最高指導者が初めて彼らの希望の星となった。

この年のキリストの復活を祝う祝日の復活祭の折、ブランデンブルク門の西側の壁のそばで、ベルリン創建七五〇年を祝ってロック・コンサートが開かれ、東側では何百人もの若者が壁越しでもコンサートの雰囲気を楽しもうと、ベルリンの壁のすぐ前まで集まった。警察が彼らの幾人かを逮捕しようとし、追い詰められた若者たちは、すぐ横にあるソ連大使館の前でゴルバチョフに助けを求めた。

ゴルバチョフ、ここに来てくれ。壁をなくせ。ゴルビー助けて。(*Frankfurter Allgemeine Zeitung*, 10. 6. 1987)

東ドイツ指導部がソ連と距離を置き、さらに逆らう行動を取っていることは、西側にも知られるところとなった。社会主義統一党の国内でのイデオロギー対策や文化政策の責任者であるクルト・ハーガーは、ハンブルクの総合雑誌『シュテルン』から、ペレストロイカとその東ドイツへの影響についてインタビューを受ける。彼は、社会主義統一党がソ連に国内政策で追随するつもりがないことを明らかにし、それがノイエス・ドイチュラントに掲載される。

隣の家が壁紙を貼《は》り替えたからといって、自らの壁も貼りなおさなければならないのですか。(*Neues Deutschland*, 10. 4. 1987)

むろんこの発言は、東ドイツ国内にも失望と怒りを巻き起こした。

翌一九八八年一一月には、ソ連の雑誌『スプートニク』の出版が事実上禁止される。この雑誌は八〇年代には約一〇〇万部、そのうちドイツ語版は約一九万部も発行されていた。そこには、東側ではタブー視されていたナチスとソ連との間で結ばれた独ソ不可侵条約を検討する記事が掲載されていた。社会主義統一党はその内容が東ドイツ国内に流布するのを恐れたのである。

ただ、ゴルバチョフは東ドイツに無理やり国内改革を強制できなかった。ソ連と東ドイツは社会主義の方向性をめぐり意思疎通ができなくなっていた。

ホーネッカーのボン訪問

ソ連との関係は冷え込んだが、東ドイツ政府は、一九八〇年代には西ドイツとの関係を改善する。さらに関係を強化するため、ホーネッカーは自らのボン訪問を実現させたかった。この首脳外交の成功は、東西ドイツが別の国であるという主張の正しさを東ドイツの人びとに示すことができる。くわえて、国際的には東西双方が独立した国家であるとの事実を示せる機会で

栄誉礼を受けるホーネッカー　1987年９月、ボン訪問時。左はコール首相

もあり、重要な意義を持つと考えられた。

それを押しとどめてきたソ連の態度が初めて変化した。ゴルバチョフはアメリカとの冷戦を緩和しつつ、さらに西側との関係強化を必要とした。そこで、ホーネッカーの西ドイツ訪問を認める。

一九八七年九月七日から一一日になされた彼の西ドイツ訪問は、公式には実務訪問の形を取った。ただ、事実上国賓待遇として栄誉礼を受け、連邦大統領リヒャルト・フォン・ヴァイツゼッカーの出迎えを受けた。また彼は戦後何十年かぶりに、故郷のザールラントも訪れた。

コールは首脳会談の後で、これまでのドイツ統一を目指す西ドイツ政府の外交原則はいささかも変化しないと表明した。ホーネッカーはそれについて反論せず、現実を承認して、両国の関係のさらなる正常化を求めると述べるにとどめた。その一方で、彼は両独境界線における発砲の取りやめや出国希望者の早期の西ドイツへの解放といった要請については明確に拒否した。

この会談の結果、両国は科学技術に関する協定などに調印して関係を一層強化した。しかし、ホーネッカーの公式訪問の代償は小さくなかった。両国間の関係が緊密になればなるほど、東西ドイツ双方での人と物の移動は増える。西ドイツ・メディアが東ドイツへと取材に訪れ、社会主義統一党を党の外から批判しようとする反対派の活動を報じた。西側の情報があふれて、東ドイツ社会の安定性は一層失われていった。

ホーネッカーは、ウルブリヒト時代に西ドイツからの〝遮断化〟を熱心に進めた張本人である。しかも一九七一年、彼がウルブリヒトを解任に追いやるにあたって、両独接近への危惧を訴え、ソ連からの自立志向を厳しく批判した。その本人が一六年を経て、同じ政策を採用するまでになった。

違いがあるとすれば、ソ連の圧倒的な影響力がもはやなくなったという点である。社会主義統一党にとって、「ソ連に学ぶことは、勝利を学ぶことを意味する」というスローガンが意味を持たなくなった。

青年層の不満

自由ドイツ青年団を使った青年層の統合、〝社会主義的人格〟の養成は限界を迎えていた。一般の若者は青年団が主宰する文化活動やボランティア活動に飽き飽きする一方、サブカルチャーに傾倒するようになる。特に、音楽シーンではいくつものパンクグループが誕生し人気を博した。

たいていのグループは歌詞の内容が望ましいものではないとみなされたがゆえに、大規模なコンサート公演の許可をえられなかった。彼らは場合によっては逮捕もされた。扱われるテーマは若者の渇望、壁、シュタージ、自由、愛と駆け引きといったようなものである。彼らが使っていたヤマハのシンセサイザーは、故障すると協力者が西ベルリンへ持ち出して修理に出すか、部品を東側に持ち込んだ。

若者のパンクグループは、最初は教会、個人宅、裏庭などで演奏会を催したが、青年クラブやお祭りで演奏することもあった。社会主義統一党の青年局は、もはやこのような若者文化を抑え込めないと悟った。そして、若者向けのラジオ番組ＤＴ64は、一九八六年以降、〝多様なアンデレ・バンンズ（異質なバンドグループの意）〟のための番組を定期的に提供するようになる。ここでは、もはや社会主義的文化シーンに即しているとはいえないグループも演奏を披露した。

若者の不満は海外逃亡や西ドイツへの移住申請数の増加としても現れた。ただ、移住申請のほとんどは却下された。それでも再度、申請する者は後を絶たなかった。彼らはその後投獄されて、先に述べた〝自由買い〟の対象者として、西ドイツに渡ることとなった。

東ドイツの大衆団体、人民連帯に関する研究がある川越修が言及するには、職場を解雇されて移住許可を待つ間、出国希望者は老人福祉を支えるこの組織でヘルパーとして、極端に安い賃金で働いたという。こうして、東ドイツの社会政策を現場で支えているのが、この国を出ていきたいと思う人間という倒錯した状態が生まれる。

西ドイツへの出国希望申請者の数は増加する一方となる。一九八八年末時点で、その数は一万三五二一人にも及び、そのうち、ほぼ六五％が生産年齢と重なった。東ドイツはベルリンの壁建設直前と同じく労働者人口を喪失しかねない危機に直面した。

反対派の誕生

この国に見切りをつける人びとがいる一方、とどまって改革を目指す人びともいた。とりわけ当時二五から四〇歳ぐらいまでの高等教育修了者、音楽家、芸術家などを育成する専門教育機関出身者が主導的な役割を果たす。そのなかには、以前には社会主義統一党の現場レベルで熱心に活動していた人もいた。彼らは党の政策に失望して、活動の場を外に求めた。

彼らはあるべき公正な東ドイツや社会主義の姿を求める傾向が強かった。それには東ドイツ内での体制変革を志向しながらも、長らく自宅軟禁されていた物理学者のロベルト・ハーベマンの考えが影響を及ぼしていた。

東ドイツ社会は、「不足の経済」という社会主義体制の特色を持ちながらも、二〇世紀後半の現代社会で問題視されるに至った平和や人権、さらには環境に関する課題も抱えていた。社会主義統一党や大衆団体は、古くからある労働問題にはともかくも、この新しい社会問題には十分対応できなかった。それゆえ、これらに対応しようとして反対派が運動を活発化させた。

平和運動

一九八二年は、七〇年代後半から活動を始めた反対派にとっても、今後の活動を加速させる年となった。社会主義統一党は、六二年に制定された徴兵法を改正し、女性にも緊急事態時の動員を決定する。

このような状況のなか、ハーベマンは亡くなる直前に牧師のライナー・エッペルマンと共同で、国内外での軍縮とドイツ分断の克服を求める平和アピールを起草した。ベルリン・アピールと呼ばれるこの文書は、その後の反対派の行動を基礎づけた。

女性にまで軍事協力を求める体制の姿勢に対して、むろん抗議の声があがった。もともとは社会主義統一党の芸術団体にも加盟していた芸術家ベアベル・ボーライと、博物館の司書であったウルリッケ・ポッペが中心となり、西側の運動に同調する形で平和のための女性（Frauen für den Frieden）を設立する。彼女らは、「女性たちを無視して決めたこの法律に沈黙したまま、容認するつもりはない」と主張した。そして、国家評議会議長のホーネッカーに三〇〇人以上の人びとが署名する請願を提出し、公の対話を望んだ。

ボーライやポッペらは東ベルリンのホーエンシェーンハウゼンにある有名なシュタージ監獄に拘束される。

また小規模の平和運動グループが東ドイツの各地で活動を開始する。平和運動の活動家は教会の集会ルームや自宅でセミナーや講演会を開催した。これらのグループは平和のための具体策（Konkret für den Frieden）というネットワークを形成して、お互いの連絡を持つようになり、当初は三七、一九八八年には約二〇〇のグループが参加するまでになった。

さらに平和運動は一九八四年ごろになると、環境問題や性の平等、南北問題、人権問題といったテーマについても議論を深める。そして八六年一一月にはこれらのテーマを扱う社会運動として平和と人権のイニシアティブ（ＩＦＭ）が結成される。この平和運動は当初から積極的に西側との接触を試み、新しい社会運動の影響を受けていた。

兵役拒否運動

キリスト者の若者にとっては特に、建設兵士となった場合の対応が問題となっていた。彼らは休暇が取れない、居住地とは異なる場所で軍務につかねばならないといったあからさまな嫌がらせに度々直面した。それればかりか、除隊後も、職業選択や教育機会の面でも差別をうけた。

建設兵士たちは自らを守るために、兵役期間中から連帯意識をはぐくみ、除隊後も協力を進めるためにグループを形成した。この問題を研究した市川ひろみがいうように、社会主義統一党の作る権力空間とは異なる独自の立場から政治的な問題を議論する〝対抗公共圏〟がこうして生まれたのである。

支配体制の側が、異なる価値観を持つ者を社会的に統合できずに、独自意識を育てることに寄与したのは、皮肉としかいいようがない。社会主義統一党の支配体制は、一九七〇年代以降、社会で生じた価値観の転換に対応できなくなっていた。

建設兵士出身者の活動は、一九七八年に学校での軍事教練が義務化されたのち、これに反対する生徒たちとの結びつきを強める。そのようななか、教会の牧師も関わり、彼らは兵役以外の代替役務として社会福祉施設での勤務を求めた。

その行動のシンボルとして用いられたのが、一九六一年にソ連が国連に寄贈した剣を鋤《すき》に置き換える男性の銅像であった。もともとのモチーフは旧約聖書のミカ書の文言「彼らは剣を打ち直して鋤とし槍を打ち直して鎌とする。国は国に向かって剣を上げずもはや戦うことを学ばない」にあった。いわば、社会主義体制に対する反抗とみなされる恐れは少なく、さらには、教会とも結びつきを示すことができるものが利用された。

一九八二年、運動の指導者はこのシンボルマークを印刷許可が必要な紙での印刷を避け、フェルト生地のしおりとして配布した。共鳴する若者たちは、これをワッペンとして上着に縫い付けて、アピールするようになる。社会主義統一党はワッペンの着用を突然禁止し、逮捕者を出すという事態に陥った。

同じ一九八二年の九月二〇日、ライプチィヒでは、ニコライ教会で牧師が初めて平和のための月曜の祈禱を開催した。教会は「すべての人に開かれている」とさまざまな立場の人の参加を呼び掛ける。これが一九八九年の秋の〝平和革命〟につながるデモの萌芽《ほうが》となっていく。

環境運動

社会主義統一党は、当初は環境問題には自ら取り組もうとしていた。知識人や文化活動に携わる人が加盟する大衆団体、文化同盟内部に環境のための協会（Gesellschaft für Natur und Umwelt）といわれる組織を作り、環境破壊や汚染に悩まされる人びととともに活動した。

環境のための協会は環境情報を提供する情報スタンドを設置し、環境汚染状況の測定や分析を行う。政府が公認する団体の活動であることから、広く人びとに知られるに至った。ただ、批判には限界があり、党員でこの活動に熱心であった人びとのうち失望した者が、独自の環境運動へと合流していく。

環境運動が盛んであったのは、ハレやライプチィヒ、ドレスデンといった南部の工業集積地や東ベルリンであった。一九八〇年代後半には、そのうちライプチィヒ近郊にある町レータのキリスト教環境サークル（Christliches Umweltseminar Rötha）がこの町の産業団地での重大な環境破壊を訴えるため、寄付を求める「エスペンハイン〔産業団地〕のために一マルクを」と呼ばれる運動を組織した。この運動は約八万人の人びとが参加するほど注目を集める。

褐炭ストーブからの煤煙の排出や化学コンビナートからの汚染の垂れ流しなど、環境問題は社会的な広がりをもって深刻さが認識されていた。多くの一般の人びとは請願を書いて、政府にその対応を積極的に求めている。しかも社会主義統一党がこの問題の深刻さを認識しており、人びとは運動家に対して比較的容易に連帯を表明できた。彼らにとっては、住宅不足や消費不足に対する問題を指摘するのと同じ感覚で体制側の見解を質《ただ》している。

一九八六年にはソ連のチェルノブイリ原発事故の影響を受けて、運動はさらに活発になった。東ベルリンのプレンツラウアーベルクにあるシオン教会を拠点にしていた平和・環境サークルは、環境問題を議論する集会を開催する。そして九月には、公式に発信される以外の情報を提供する〝環境文庫〟を設立した。その後この場所を中心に、環境問題を超えてさまざまな社会問題に対応する全国規模でのネットワークが形成されていく。

この時期には、ホーネッカーは、以前には公開していたデータであっても都合の悪い情報発表に消極的となっていた。それもあって、この情報センターは人びとにも肯定的に受け入れられる余地が大きかった。

自らも反対派に関わり、シュタージ文書を使って反対派研究をしていたイルコ＝サーシャ・コバルチュクは、社会主義システムの克服を目指す思考と、社会主義体制の改革を目指す思考が、すでにこの時期にも反対派内部で併存していたと述べる。このことがのちに反対派運動が分裂していく要因ともなる。

シオン教会

教会の保護

この時期に発展した反対派は、教会の保護を受けて活動を展開できた。むろん、平和運動のように、教会の指導部が当局との摩擦を恐れて全面的に支援しない場合でも、現場レベルでは教会関係者が関わりを持っていた。

教会の側にも反対派を受け入れたい理由があった。この時期になると、東ドイツ社会でも、生活様式が現代化したことで世俗化が進み、人びとは教会との結びつきを感じなくなっていた。

教会は伝統的かつ宗教に親和的な年配の人びとだけでなく、若い世代を獲得する必要があった。それが党や国家との関係を保ち、発言権を維持するために必要だと考えられた。こうして教会は反対派の活動を保護する傘として機能する。唯一の国家から独立した社会組織として体制が承認していることから、その行動範囲は大きかった。

反対派は教会の施設を使い、パンフレットやビラを印刷することができた。また、その印刷物も教会内でのみ回覧可と表示して、人びとの手に届けられる。反対派が印刷する地下出版の数は六〇近くにのぼった。そのなかでも、シオン教会は東ベルリンの多くの活動家が出入りする場所となる。

取り締まりの変化

シュタージは一九八〇年代前半、穏便な形で監視活動を続けていた。というのも、この時期は、ホーネッカーの西ドイツ訪問がいつ実現されるかわからない状況だったため、西ドイツメディアの報道や世論の出方をうかがう必要があった。反対派の草創期にその芽を摘むことができなかったのである。むろん、彼らはこの反対派の活動を見過ごしていたわけではない。反対派内部や教会に非公式協力者を潜入させていた。

中欧の非核化を提案するなど平和・軍縮運動で活躍し、一九八六年の二月に暗殺されたスウェーデンの首相オロフ・パルメを追悼する行進が、八七年九月に当局の許可をえたうえで企画された。そもそも、この行進は、官製の東ドイツ平和委員会が主導し、教会が協力していた。教会側で平和問題に取り組んでいた牧師のマルクス・メッケルは、この官製行進に反対派も彼ら独自の横断幕を掲げての参加を要望した。反対派の参加は了承され、期間中の催しでは、「剣を鋤に置き換えて」、「社会的代替役務を」、「軍事教練の代わりに平和教育を」といった平和運動のスローガンを掲げた。さらには、環境問題やその他のスローガンまでも掲げられる。

しかしこの雰囲気は、ホーネッカーの西ドイツ訪問が成功した直後に一転する。警察は反対派のスローガンが書かれたプラカードを問題視し、押収する事態となった。あくまで体制の反対派を容認したかに見える態度は、西ドイツとの関係に配慮したものにすぎなかった。

パンクとスキンヘッド

体制側の反対派に対する圧力が増すなか、環境文庫があるシオン教会で、体制が治安上の違反行為を把握できていない事態が露《あら》わになる。一九八七年一〇月、当局の許可を得て東西ドイツ出身のパンクバンドがこの場所でコンサートを開催した。パンクは既存の体制に懐疑的でありながら、反対派に近い左派的傾向を持っていた。

この場に、このオルタナティブ文化を軟弱なものとみなすスキンヘッドが乱入する。ユダヤ人排斥と極端なナショナリズムを志向する彼らは、施設を破壊し観客に暴力をふるって逃げた。集団のなかには西側から入り込んだ者もいた。その場にいた警察やシュタージは、左翼的なオルタナティブな考えにシンパシーを持つ観客の行動を統制しようとしていた。

そのため、スキンヘッドの集団が、ナチ的言説を叫び騒ぐのを制止できなかった。彼らは、通りにでて破壊行動をしたところをようやく逮捕される。西ベルリンから入り込んでいたスキンヘッドは、再び境界線を越えて逃げてしまった。

スキンヘッドたちには逮捕後の裁判において、予想外の低い刑罰しか与えられず、一般の人びとからも怒りの声があがり、結局は厳しい刑期が言い渡された。人びとは当局やシュタージの対応に不満を募らせ、この事件は彼らが反対派に同調するきっかけにもなったといわれる。

驚くべきは戦後四〇年経《た》って、本来は克服されたはずの過去が再び問題となったことにある。

〝労働者と農民の国家〟として、ナチ体制と闘った人びとが作った国を自認する東ドイツに、ネオナチ的な傾向を持つ若者が公然と姿を現した。

この事態は、単に東側には過去の克服がなかったと批判する文脈で捉えることもできよう。しかし、西側から関係者が入り込んでいることからわかるように、東西ドイツの間の人と物のやり取りの活発化、すなわち西ドイツからの文化的な影響の副産物として理解すべきである。西ドイツでは過去の克服はうまくいき、東ドイツではなされなかったという見解は一面的でしかない。

環境文庫への手入れ

続けて一九八七年一一月には、シオン教会の環境文庫がシュタージの捜索を受ける。二四日夜から二五日の未明にかけて、シュタージは検事を伴って家宅捜索に入った。反対派のなかで当局が最も問題視していた平和と人権のイニシアティブの出版物、『グレンツファル（〝瀬戸際の問題〟の意）』の印刷現場を取り押さえることが目的だった。シュタージは環境文庫と平和と人権のイニシアティブのつながりを示して、反対派と教会の活動を抑え込むつもりであった。しかし実際には、その印刷はなされておらず作戦は空振りに終わる。

それにもかかわらず、印刷機が差し押さえられ、その場にいた人は逮捕された。また、その後すぐに平和と人権のイニシアティブの代表者であったボーライとポッペらは、自宅拘禁の措置を受ける。しかし、シュタージの目論見と異なってベルリンの各反対派はこの事件に対して、「我々はこの行動をあらゆるグループに対する攻撃とみなす」と連帯を表明する事態となる。

また家宅捜索直後、警察やシュタージの監視をかいくぐって、シオン教会の前で抗議を示し、逮捕者の即時解放を要求する示威活動として黙とうする若者が現れる。これは瞬く間にさまざまな立場の人びとから支持され、多くの場所において連帯を示す行動として広がる。さきにあげた反対派研究者のコバルチュクはこのシオン教会での出来事を、反対派の運動が広範囲にわたる市民運動へと変化するきっかけになったと評価する。この反対派への家宅捜索は、シュタージの取り締まりの限界を示すものとなった。

ルクセンブルク＝リープクネヒト記念デモ

翌一九八八年に入ると、さまざまな都市でデモが発生した。さらに、最も弱い立場にあったモザンビークからの出稼ぎ労働者までも、自らの権利を主張してストライキに及んだ。これらの行動は、だれかが指導し調整したのではなかった。社会内部から自然発生した、体制に危険を示す坑道のカナリアであった。社会主義統一党はこの状況を正しく認識できておらず、むしろ反対派への弾圧を強めた。

この年の一月、ベルリンにおいて毎年恒例で開催されていた戦前のドイツ共産党の創設者であるローザ・ルクセンブルクとカール・リープクネヒトの虐殺を追悼する官製デモに、出国希望者を組織するために作られた国籍の権利に関する活動グループ（Arbeitsgruppe Staatsbürgerschaftsrecht）をはじめとして教会関係者や反対派が紛れ込んだ。

そして彼らは、「自由とは、絶えず異なる思考をする人にとっての自由である」、「動こうとしないものは、彼の足枷《あしかせ》に気づかない」という有名なルクセンブルクの言葉をプラカードに掲げて行進したのである。これに対して、直ちに当局は取り締まりに乗り出し、約一六〇人をその場で逮捕する。さらに翌日、平和と人権のイニシアティブの指導的な立場の活動家も国家反逆罪の容疑で拘束された。

拘束された人びとに対する連帯表明は東ドイツ国内でさらに大きくなるばかりか、西ドイツにおいても同様の動きが生じる。体制側はこの国にとどまろうとする反対派の指導者を追放することで、国内の平穏を回復しようとした。ただ、これも国内外からの抗議と、反対派に対する連帯表明を加速させる。

むろんこの時点では、反対派は国民全体から見れば少数であったことを忘れてはならない。それが大きく見えるのは、西ドイツメディアの報道のためである。東ドイツでは一九五三年の蜂起以来、労働者層を中心とする広範囲の社会階層を含んだ運動は生まれなかった。それが変化したのが八九年であった。西ドイツへの出国を求める人びとと、デモへ参加する住民は同時に多くなる。反対派は人びとの後押しをうけるようになったのである。

4　一九八九年そして統一へ

危機意識の欠如

一九八八年、各企業や地域から上がってくるシュタージの報告は、現場の悲鳴を伝えていた。多くのコンビナートや企業ではもはや計画の実施は保証できないといった声や、党指導部は本当の状況を知っているのかという質問まで飛び交っている。社会主義統一党指導部は、シュタージ以外のルートからもこの情報を目にすることができた。

しかし、ホーネッカーはまったくといっていいほど、国内の社会状況について危機意識を持っていなかった。彼は年明けに、各郡の第一書記を前にして、ベルリンの壁は必要であり続ける限り存続する、そして、それはまだ一〇〇年は続くと表明する。

社会主義統一党のなかには経済状況に危機意識を持つ党員もおり、ゴルバチョフに呼応して改革の導入を訴える。しかし、改革が社会主義体制を変質させ、これまでの権力基盤を掘り崩すことになると考える人も多く、党内は割れ始めた。

人びとの政治への失望は、さらに西ドイツへの出国希望者を増大させる。容易に往来できたチェコスロバキア、ハンガリー、ポーランドの西ドイツ大使館には次々と人が集まり、西への移住を求めた。西ドイツ政府は彼らについては、保護義務を守って大使館での滞在を認めざるをえなかった。

東ドイツにとどまって、この国を改革しようという反対派の動きも活発化した。ライプチィヒ・ニコライ教会で月曜日の平和の祈禱の後に行われるようになったデモには、改革を求める人びとが参加し言論、集会、報道の自由を求めた。

地方選挙結果の改ざん

社会が騒然とするなかで五月七日に地方議会選挙が実施された。この選挙は統一リスト方式で行われ、リストに反対する者は、選挙管理委員の目の前でそれを示す印をつけて投票するか、投票を棄権した。

当時の社会状況から見てこれまでと同じ高投票率、高支持率を得ることは常識的にはないと考えられた。実際、いままでとは違う光景がそこでは見られた。多くの人が記載台で統一リストに反対であると記入するため列をなした。

反対派は集計の監視を企画し、五〇の都市と基礎行政体（ゲマインデ）にある投開票所一〇〇〇ヵ所で投開票を見守った。これには、従来は反対派とはみなされていなかった人びとまでもくわわった。

選挙管理員会は公式の集計結果を、ほぼいつも通り、投票率九八・七八％、そのうち無効票は〇・〇九％、反対票はわずか一・一五％であったと発表する。しかし、選挙監視をしていた人びとの集計とは大きな隔たりがあった。監視を企画したエヴェリン・ツプケらのグループによれば、それぞれの場所で三から三〇％の反対票、投票率は六〇から八〇％が見込まれた。一部の結果を見るだけでも、不正が生じたことは明らかだった。

そこで、反対派は選挙結果の改ざんを問題視する請願を、国家評議会議長でもあったホーネッカーに向けて提出するためデモを行った。当局は横断幕を破壊して抑え込んだ。

パン・ヨーロッパ・ピクニック

東ドイツからの逃亡を目指す人びとが多くなるなか、ハンガリーは五月以降、ジュネーブ難民条約に加盟したことに伴う措置として、オーストリアとの国境線にあった鉄条網を撤去し始めた。ただ、ハンガリーの国境警備隊は、この機に乗じて無断でオーストリア側へ越境しようとする人びとを発見した場合には、追い返すか、彼らを東ドイツへと引き渡した。

夏の休暇シーズンの八月に入ると、東ドイツからハンガリーへの旅行者は約二〇万人に及んでいた。そのうち、数千人が逃亡の機会をうかがっていた。そのような状況下で八月一九日、欧州議会議員であり、ハプスブルク家の当主のオットー・フォン・ハプスブルクは、東西国境の自由往来を象徴的に記念するパン・ヨーロッパ・ピクニックをハンガリー側のオーストリアとの国境の町ショプロンで開催した。これは一時的にオーストリアとハンガリーとの国境を開いて、双方を行き来する〝散歩〟をしようという企画であった。その実、実行委員会はドイツ語のビラを撒《ま》き、ハンガリーに滞留していた東ドイツの人びとは、それとなくその場所に行くように案内を受ける。そして、一時的に国境ゲートが開放された際、八〇〇人から九〇〇人の人びとが西側へと逃亡し、ハンガリーの官憲はこれを見逃した。

九月に入ると、ハンガリーは東ドイツの人びとのために国境を公式に開く。そして、わずか数日足らずで、一万五〇〇〇人がオーストリアを経由して、西ドイツへと渡っていった。この月末までには、その数は三万四〇〇〇人にのぼった。

パン・ヨーロッパ・ピクニック

ワルシャワの西ドイツ大使館も東ドイツからの逃亡希望者であふれ、閉鎖される事態になる。そして、チェコスロバキアではいったんハンガリーとの国境管理を厳格化したため、逃亡の波は一時的に停止した。しかし、プラハの西ドイツ大使館に九〇〇人以上の逃亡希望者が滞留する事態となってしまった。

シュタージはこの間の逃亡者を、四〇歳以下の教育水準が高い若者であると報告している。それに対して、コバルチュクは、彼らはふつうの人びとであり、そもそも以前には出国希望の意思を表明してはいなかった人びとだったと述べている。政治外交史家でドイツ統一の外交交渉を検討したアンドレアス・レダーは、出国希望者のなかには党の関係者が多く含まれていたと主張する。少なくとも、西側に出国しようとした人びとは、東ドイツ経済にとっては必要不可欠な人たちであったことに疑いはない。

反対派グループの組織化

社会主義統一党書記長のホーネッカーは、病気で手術を控えて入院した。留守を預かったミッタークは、東ドイツ内外の状況が緊迫するなか、加速度的な人間の流出に満足のいく対策を立てられなかった。社会主義統一党指導部の一人ひとりが自発的に考えるべき時に、彼らの硬直性が露わになったのである。この間、七月から八月にかけて党の融解も進行し、一〇月までには一〇万人が離党した。その圧倒的多数は労働者であった。

反対派はこうしたなか、これまでのグループやサークルといった小さな集まりのものから、社会組織としての公然たる活動を目指すようになっていく。牧師のメッケルが中心となったグループは東ドイツ社会民主党（SDP）を名乗った。彼らは東ドイツでの改革を目指すうえで、社会主義統一党にとってタブーとなっていたドイツ社会民主党（SPD）という名を避けた。

反対派のシンボル的な存在となったのは、ボーライや生物学者のイェンス・ライヒが結成を主導したノイエス・フォーラム（Neues Forum）であった。この組織は政党としての活動を目指すものではなく、東ドイツ全体のために公共空間における政治的なプラットフォームになると宣言する。このプラットフォームというのは、さまざまな問題について、多様なグループや組織が議論をする場所であることを意味していた。

ボーライらは地下組織としてではなく正式に法的な社会的な組織として活動すべく、内務省に社会団体の設立申請許可を求める。これは国家から独立した社会組織を、教会以外に認めてこなかった体制への挑戦でもあった。

その設立宣言には数日の間で、四〇〇〇人が署名をする。設立を認めないとする裁判所の通達にもかかわらず、彼らは一〇月初めまでにさらに一万通の署名を集めた。ノイエス・フォーラムの活動は、順法闘争ともいえるもので、体制側の抑圧を防ぐためにも西側世界も含めた世間から注目を集める努力をした。

その後、ボーライと並んで平和と人権のためのイニシアティブで活動していたポッペが主導した市民運動・民主主義を今（Bürgerbewegung, Demokratie Jetzt）、そして一〇月初めには、民主主義の出発（Demokratischer Aufbruch）といったグループが誕生した。

出国希望者の西ドイツへの移送

九月、ワルシャワ、プラハにある西ドイツ大使館内には西ドイツへの逃亡希望者が滞留する事態が続き、避難先の衛生環境は破滅的な状況を呈していた。この人道上の危機に対して関係国の交渉が続いた。

ホーネッカーは職務に復帰した際、両国の大使館にいる人びとの列車での西ドイツへの移送に同意する。ただ、彼らの移送にあたっては一度、東ドイツ領内を通過するとの条件を付けた。表向き、東ドイツ政府が逃亡希望者を追放する形をとった。出国申請者と同じ対応をすることによって、今後の近隣諸国を通じた逃亡を防ごうとしたのである。そのうえで、チェコスロバキアとのビザなし渡航を一時的に無効とした。ホーネッカーは、逃亡を望む人びとに対して「彼らにはいかなる涙も流しはしない」という言葉を投げつけた。

この出国希望者を乗せた特別列車が、一〇月三日の晩から四日未明にドレスデンの中央駅を通過する際、これが逃亡の最後の機会と考えた人びとが列車に飛び乗ろうと殺到し、警備にあたっていた警察と衝突した。

いったんは逃亡の機会が失われたことで、逆に国内における社会主義統一党に対する圧力は高まった。不満のはけ口を求める一般の人びとと、組織化しつつある各反対派とが共闘する条件が整ったのである。

ライプチィヒ月曜デモ

ライプチィヒの月曜デモは一九八九年九月四日には参加者は約一二〇〇人だったものが、一〇月二日には、八〇〇〇人から二万人以上の規模に膨れ上がる。六日から七日の東ドイツ建国四〇周年式典の裏側で、何万人もの人びとが反政府デモを行った。社会主義統一党は警備部隊を用いて、デモ参加者以外の一般通行人までにも暴力をふるう事態となった。このとき、デモ参加者は招待客のゴルバチョフに向かって助けを求めた。

ゴルバチョフはその七日、社会主義統一党の政治局会議に参加して、ホーネッカーらと懇談した。その際、彼は後に有名となった「遅れてくる者は、実生活が罰を与える（Wer zu spät kommt, den bestraft das Leben）」と述べたといわれる。その発言は一字一句その通りではないとされるものの、東ドイツが改革に乗り出さねば将来はないと発言したとされるのは正しい。

ホーネッカーはそれに対して、今後も東ドイツの人びとの生活状況は良くなるという趣旨で、「生活については、絶えず前進する」と応えた。もはや、両者は同じ言葉を使っても考えていることが全く異なり、意思疎通は困難となっていた。

さらに九日、ライプチィヒでの恒例デモの参加者は七万人以上に達し、「我々が人民だ」（Wir sind das Volk）、「ゴルビー」、「我々は狼藉者《ろうぜきもの》ではない」と叫ぶ声がこだました。

このときのデモに対する当局の対応は、一九五三年六月一七日事件とは大きく異なった。実は、内務省をはじめとする治安組織はこのデモの前日までに、国家人民軍の動員を含めて、五二〇〇人にのぼる実力部隊を動員し武力鎮圧の用意を整えていた。

この事態に対して、ゲバントハウスで音楽監督として活動する指揮者クルト・マズアら三人の知識人が党代表者を招いて話し合いを行い、決裂を避けようとする。社会主義統一党の側では一〇月初め、中国から帰国したばかりのクレンツが暴力的事態を避けるように指示をした。

結局、ライプチィヒの旧市街の大通りで行われたデモは成功した。それゆえ、このときから〝平和革命〟が始まったと評価される。

社会主義統一党は、ソ連の武力介入を期待できなかった。ゴルバチョフはブレジネフ・ドクトリンを放棄し、東欧各国の自発性を承認するといっていた。自らの改革路線とは方向性が異なるホーネッカーを支援する理由はない。さらには、ソ連国内の改革が思うようには進展しておらず、経済状況の立て直しを図るために、彼には東ドイツの強硬路線を支持するよりも西側との協力関係のほうが重要であった。

ただ、ソ連はこのときはまだホーネッカーの追い落としを視野に入れていたとしても、社会主義統一党体制の放棄まで考えていたとはいえない。それは、戦後秩序そのものの崩壊を意味するからである。

東ドイツ側でも、ホーネッカーはともかく、クレンツは東ドイツが置かれている状況を考慮しないわけにはいかなかった。もし、単独で武力鎮圧に乗り出せば、ソ連からの不興を買うことは確実である。さらには、積みあがっていた対西ドイツ債務が返還できない事態が予想された。中国が天安門《てんあんもん》事件で学生を鎮圧できたような客観的な条件が何一つ整っていなかった。

さらにデモは翌週一六日には、一二万人以上が参加する規模にまで成長した。いよいよホーネッカーの去就が問題となる。

ホーネッカーの解任

もはやデモをコントロールできないなかで、クレンツやシャボウスキーは、ホーネッカー解任の動議を準備する。この間、モスクワに労働組合の会議のために飛んだ自由ドイツ労働組合総同盟議長で政治局員のハリー・ティシュは、ゴルバチョフと会談し同意をえようとした。ゴルバチョフは東ドイツの内政問題だと応じた。彼はこの方針ついて好意的な態度をとったものの、解任が役に立つかどうかは疑問だと答えたとされる。

一〇月一七日、社会主義統一党の政治局会議でホーネッカーの解任が決議された。そして翌日の第九回中央委員会総会の後、対外的には書記長は健康上の理由で職を退くと説明された。クレンツがその後任として、書記長の職を引き継いだ。ほぼ二〇年前、ホーネッカーがウルブリヒトに引導を渡した状況が再現されたのである。当時との違いは、社会不安が最高潮に達しているという点にあった。

アレキサンダー広場の集会

クレンツは〝転換（Wende）〟という言葉を用いて、方針変更を印象づけようとした。彼は若い人びとが東ドイツから去っていったことについて、ホーネッカーとは異なり、この国にとっての損失であると反省の言葉を述べた。しかしながら、彼は社会主義統一党が権力を掌握し続ける体制に変化はないとも宣言した。

そのうえで、国内における反対派運動とは、東ドイツの社会主義を保持するという前提での対話を進めると述べた。しかし、彼は人びとが求める生活状況の改善について、具体的な方策を語ることはできなかった。二三日のライプチィヒの月曜デモは約三〇万人の規模にまで膨れ上がった。

この時点では、西ドイツ側のコール政権はベルリンの壁の撤去までを望んでいたわけではなく、さらなる両独間の接触機会の増大を求めていた。彼らはいまだに東ドイツの経済的な実情、人びとの意識をつかみきれていなかった。

また、クレンツのいう転換の成否にはソ連の出方も問題となる。彼は書記長就任の挨拶《あいさつ》のためにモスクワを訪問し、ゴルバチョフに差し迫った金融経済状況について報告した。そのうえで、彼は東西ドイツ関係の将来像をどのように考えているのか尋ねて、ソ連が東ドイツを見捨てるのかどうかの判断を聞いた。

ゴルバチョフは社会主義統一党が事態を管理し、切り抜けるようにとだけ述べた。しかし、クレンツを含めて社会主義統一党に残留した指導者は、この危機的状況に対応できるだけの政治指導力を発揮することはできなかった。彼らはルーティーンワークには強いが、突発的な事態に対応できる能力を有していなかった。それが反体制派との交渉、そして、旅行と出国に関する新規則の制定を行う過程で明らかになる。

チェコスロバキアは一一月三日、東ドイツの人びとが西ドイツに渡航できるように国境を開放した。これは、社会主義統一党も承認したものであった。五日と六日の両日、二万三〇〇〇人以上の人びとが西ドイツへと去っていった。

状況が一向に改善しないなかで、一一月四日、デモ集会が東ベルリンのアレキサンダー広場で開催される。この集会は内務省が許可を出していた。また、人民議会のある共和国宮殿にも多くの人びとが集まった。アレキサンダー広場では、反体制派と政府の代表者、第三者的な立場として知識人のシュテファン・ハイムやクリスタ・ヴォルフ、ハイナー・ミュラーといった人びとがマイクを握り、それぞれの立場を人びとに訴えた。

政府側から出席した広報担当のシャボウスキーやシュタージ責任者の一人であるマルクス・ヴォルフはやじり倒された。反対派の要求である東ドイツの政治システムの変革には多くの人びとが喝采をあげた。この時、四〇年間続いた社会主義統一党体制の運命が決した。アレキサンダー広場でのデモ集会は、初めて東ドイツのテレビ局が生放送で全国に配信した。人びとは東ドイツ全土で、体制の正当性が否定される瞬間を目の当たりにしたのである。

シャボウスキー発言とベルリンの壁の崩壊

そして、その五日後の一一月九日、後にベルリンの壁の崩壊と結びつけられて有名となるシャボウスキーの会見が開かれた。東ドイツ政府は六日に、何よりも最優先で解決しなければならない東西ドイツ間の通行、出国に関する新しい規則を制定した。この新しい法律は、両独と

ベルリンの壁の崩壊　（上）シャボウスキーの直ちに境界を開くとの発言　（下）ブランデンブルク門の壁の上にのぼる人びと

東西ベルリン境界での検問を前提としたうえで、東西ドイツの間の往来の可能性を高めるものであり、従来となにも変わらないという評価もあった。

スポークスマンであるシャボウスキーはこの会議に出席しておらず、新しい規則が翌一〇日から有効になるという状況を十分理解せずに記者会見に臨んだ。彼は会見の最後で、西側からのジャーナリストの質問に答えて、「私の見解では、この規則は、すぐに遅滞なく効力を持つ」と発表し、続けて「出国は東ドイツの西ドイツへのあらゆる境界検問所、西ベルリンも含む場所で実行される」と述べた。

この映像は全世界に配信された。その後二時間も経たないうちに、西ベルリンにつながる検問所に多くの人びとが殺到した。この事態に何も準備をしていなかった境界の警備担当者はなすすべもなかった。こうして三〇年近く存在したベルリンの壁はあっけなく崩壊したのである。

この経緯から反対派運動の活動家にとっては、九日はそれほど重要な日だとは考えられてはいない。五月の地方議会選挙の不正を解明することに尽力したツプケは、壁が崩れたその瞬間は家で寝ていたと三〇年後の集会で証言している。また、反対派の一人でのちに連邦議会議員となるシュテファン・ヒルスベルクは、すでに事態は決しており、東ドイツの平和革命にとって重要だったのは、一一月四日のアレキサンダー広場でのデモ集会であったと述べている。

民主化の波

ベルリンの壁が崩壊したために、東ドイツの急速な民主化は避けられなくなった。社会主義統一党が東ドイツを支配することは、もはや不可能だった。一一月一三日、人民議会は新たな閣僚評議会議長に党内で改革派と見られたハンス・モドロウを選出した。彼は内閣を組織するにあたり、閣僚を従来通り社会主義統一党と各ブロック政党から選出する。しかしこの政権は、次の人民議会選挙までの暫定的なものとなるのは明らかだった。

彼は所信表明において早急な経済の立て直しと、何よりも政治システムの改革に取り組むと説明し、この政府は立法府である人民議会にのみ責任を負うと述べた。その人民議会は、統一リスト方式で選出された議員によって構成されているため、民主的な正当性を欠いていた。可能な限り早く、民主的な選挙を実施できる選挙法を制定する必要があった。

また、民主的な政治体制への変革には、社会主義統一党が国家を指導するという憲法上の規定を廃止しなければならない。反対派をはじめとしてクレンツへの圧力は高まった。そして、一二月一日に、人民議会は憲法第一条からこの条項の削除を決定する。彼は、三日には党書記長を辞任し、同時に党中央委員会も解散した。

このことは国民戦線のなかで、従来、社会主義統一党の統制に服してきた各ブロック政党が自立するきっかけとなった。また、翌年に予定される人民議会選挙に対応するために、各反対派運動も、政党への組織化を模索し始める。

シュタージの解体

政治体制の流動化が止められなくなるなか、モドロウ政権は、世論の反発を抑えられない事態に直面する。それはいずれもシュタージ絡みの問題であった。シュタージの社会監視や逮捕者への非人道的な扱いの実態が暴露され始め、人びとの批判の声は大きくなった。それにもかかわらず、彼はこの組織を廃止せずに国民保安局として存続させようとした。

国家保安相であったエーリッヒ・ミールケは人民議会において、「私は皆さんを、〔非難を受けても〕、それでもなお愛している。皆さんのために尽くしている。信じてほしい」と懇願してまで組織防衛を図ろうとしていた。それにもかかわらず、一〇月、彼はシュタージの資料を廃棄する指示を出していた。

反対派の関係者のみならず、多くの人びとがこの事態に憤慨した。彼らは自発的に各地のシュタージ支部の前に集まり、荷物の搬出を妨害する行動にでた。そして、最後には、建物を占拠して、資料の廃棄と散逸を防いだ。のちにこのシュタージ文書を管理する国立団体の初代所長を務め、連邦大統領となったヨアヒム・ガウクは、当時ロストックにおいて、文書廃棄を押しとどめるうえで主導的な役割を果たした代表的人物である。

円卓会議の活動

モドロウ政権が社会から信頼を確保できない事態に陥るなかでも、東ドイツの政治的な空白は避けられた。それは隣国のポーランドやハンガリーの経験を踏まえた円卓会議を成立させたからである。この政府と反対派との間を取り持つフォーラムの存在が、東ドイツの体制転換を平和裡に推移させるうえで重要な役割を果たす。

反対派の側は無理をすれば、社会主義統一党を追い込むことができたかもしれないが、彼らにもテレビやラジオといったメディアを有していないという弱点があった。

また社会主義統一党の地方組織が崩壊し、それによって日常の地方行政が混乱に陥る危険性も出てきた。各地方でもそれを防ぐため反対派とこれまでの行政を担ってきた人びとがテーマごとに会合を持つようになる。民主的な選挙による政治的正当性はないものの、各々が直接民主主義によって行政組織を維持することになった。現メクレンブルク＝フォアポンメルン州の円卓会議を検討した井関正久によれば、従来の政治権力を代替する公的空間が東ドイツ各地に生まれたのである。

中央の円卓会議は、一二月七日、プロテスタントとカトリックの教会関係者が体制側と反対派側を取り持つ形で始まる。この会議は翌一九九〇年三月一二日までに、計一六回開催された。その目的は「環境と経済そして金融に関する状況について情報を公表し、危機を克服するための提案を行う」、そして政府と人民議会を監視するとされ、存続期間は人民議会選挙までと決められた。

円卓会議の参加者は最初の会合で、人民議会選挙の投票日を決めて、新しい東ドイツ憲法を起草する予定を立てた。その後、選挙の日程をめぐって各党派の思惑が入り乱れる。円卓会議と人民議会は、投票日を最終的に一九九〇年三月一八日に決定する。

なお、円卓会議で作られた憲法草案はドイツ統一を見据えたものであったが、早急な統一を防ごうとしていた。その規定によれば、西ドイツへの加盟に当たっては人民議会議員の三分の二の賛成と国民投票を必要とし、全ドイツを範囲とした新たな憲法制定会議の開催を求めていた。しかし、この憲法草案は自由選挙後の人民議会で議論されずに終わる。

コールの思惑

ベルリンの壁崩壊後も、東ドイツを後にする人びとはやむことはなかった。一九八九年一一月末までには約一〇万人、年末までにはさらに五万人の人びとがこの国を去り、この年の西への逃亡者数は約三四万四〇〇〇人に及んだ。しかも、経済状況は生産性の低下と輸出の減少によって、借款の利息の返済も危ぶまれる状況になっていた。だれも先の展望を示せない状況だった。

一一月一三日のライプチィヒの月曜デモで掲げられた人びとの要求は、これまでのものから一変する。東ドイツの改革を要求する声は後退し、〝ドイツ、一つの祖国〟、〝ドイツ問題に関する国民投票を〟というドイツ統一を求める声が大きくなっていた。その一週間後には〝ヨーロッパの家に一つのドイツの部屋を〟、そして月末二七日には、初めて西ドイツの旗がはためいた。一二月四日には、東ドイツのエンブレムを切り取った国旗が掲げられて注目を浴びるまでになる。

こうしたなか、一一月二八日、西ドイツ首相コールは、ドイツ統一に向かうための一〇項目提案を連邦議会で説明する。まず、東ドイツでは社会主義統一党の政治権力の独占は放棄される。そののちモドロウが唱える条約共同体を作り、国家連合を経たうえで、統一を実現するというのが計画案だった。そのために一〇年ほどが必要であるとみられていた。コールの周囲ではこの案ですら、西ドイツの経済力をもってしても、成功するとみるのは楽観的すぎるのではないかという意見が大きかった。

この提案は、東ドイツでは地域によって受け止め方に温度差があった。そのなかでも特に、ドレスデン、カール・マルクス・シュタット、ゲーラ、ライプチィヒなどの南部では、コールを支持する声が圧倒的に多数を占める。まさにそのドレスデンで、モドロウとの会談が行われた。

コールは一九八九年一二月一九日、目の前で歓喜の声をあげて、歓迎する人びとに出迎えられた。人びとは、〝ドイツ、ドイツ〟、〝我々は一つの国民だ（Wir sind ein Volk）〟との叫び声をあげた。なお、この会談には、翌日に控えていたフランス大統領フランソワ・ミッテランの東ドイツ訪問の機先を制するという目的もあった。

社会主義統一党の独裁の克服を目的として政治教育と研究を支援する政府財団で東ドイツの通史を書いた現代史家のイェンス・シェーネによれば、コールはこのとき〝権力政治家〟として、来年に迫った連邦議会選挙での勝利をえるため自らの採るべき道を察知したという。すなわち、両ドイツの統一を早めれば早めるほど、選挙に勝利する機会は広がると理解したのだった。だとすれば、この会談場所がもし他の場所であったら違う展開になったのだろうかという疑問も生じる。

社会主義統一党が権力を失うことが判明した時点で、ソ連は東ドイツの支援を考えることは完全になくなった。ゴルバチョフから見れば、戦後ソ連が作り上げた体制が崩壊するなかでドイツに有していた権利を利用しつつ、自らの唱えるヨーロッパの家構想を実現するほうが理にかなっていた。その点で、彼らがベルリンと東ドイツに持つ諸権利、そしてなによりも、駐留ソ連軍の存在は、西側との交渉を有利に進めるための材料に変わる。ゴルバチョフはモドロウとのモスクワでの会談で、「いかなる戦勝国もドイツ人が自己決定権を持っていることに疑いをいだいていない」とまで述べ、東ドイツの国内情勢に介入する意思がないことを伝えた。

一九九〇年二月、コールはモドロウとのボンでの会談で統一に向けて通貨同盟を準備するための専門家委員会の設置に合意する。しかしながら、彼は東側が求めた一〇〇億から一五〇億の西ドイツマルクの緊急援助を拒否した。これは選挙戦が始まっているなかで、西のキリスト教民主同盟が応援する勢力を支援するための行為であった。

最後の人民議会選挙

三月一八日の人民議会選挙に向けて、一月以降はそれぞれの党派は事実上選挙戦に突入していった。かつてブロック政党であったキリスト教民主同盟は、人事を刷新し以前から持っていた新聞や組織を活用して選挙戦に臨んだ。彼らは西のキリスト教民主同盟の支援をあおいだ。また、バイエルンのキリスト教社会同盟が助けたのは、ザクセンやチューリンゲンの保守的なグループからなるドイツ社会同盟（ＤＳＵ）である。選挙では、この組織とキリスト教民主同盟に、民主主義の出発といったグループも加わりドイツのための同盟（Allianz für Deutschland）を結成する。

東ドイツの社会民主党は反対派から生まれた組織であり、プロテスタント系の知識人がその中心を占めていた。そのため、その名前とは裏腹にほとんど労働者層に浸透できていなかった。また当初は、政党化して選挙戦を戦うかどうかに対する迷いが組織内にあった。むろん、ブロック政党が持っている新聞や組織などの物的資源を有していなかった。ただ、彼らは西の社会民主党から援助を受けられた。

東の自由民主党は一九九〇年二月に党指導部選挙のあと、いくつかの小グループと統合して自由民主同盟（BFD）として選挙戦に臨み、ゲンシャー外相を輩出している西の自由民主党が彼らを支援した。

その他、主要反対派グループは政党化をためらったために、組織化が出遅れた。しかし、ノイエス・フォーラム、民主主義を今、平和と人権のためのイニシアティブは九〇年同盟（Bündnis 90）を結成した。他の反対派の小グループは東ドイツ緑の党（Grüne Partei in der DDR）と独立女性同盟（UFV）を結成して合同で選挙戦に臨んだ。一九八〇年代に西ドイツ政治の舞台に登場した環境政党の緑の党が彼らを支援した。緑の党は、ベルリンの壁崩壊前から反対派に手を差し伸べ続けてきた経緯があった。

西側の政党では緑の党を除いて、ベルリンの壁の崩壊前には、東ドイツの政党を支援する動きは皆無だった。社会主義統一党体制を不安定化させることは得策ではないと考えていたからである。

それが最後の人民議会選挙を前にして、積極的に東ドイツの政治に介入した。現実には、各政党は西ドイツの政党の支援を受けたというよりもその指示に従って動き、東側で西ドイツ的な選挙が実施されたのである。この選挙結果が翌年に予定されている連邦議会選挙の帰趨《きすう》を決定するのは明白であり、西ドイツの各政党にとっても負けられない戦いであった。

最初にして最後の民主的な自由選挙による人民議会選挙は、事前の予想と異なる結果に終わった。世論調査では社会民主党が強いという予測が流れていた。ただ、当時主に世論調査に使われていた電話の普及状況には問題があった。知識人階層やホワイトカラー層とそれ以外の家庭を比べた場合、前者が電話を多く所有していた。それゆえ、どうしても社会民主党に有利な分析が出ざるをえない。

また日本では、ヴァイマル時代のイメージが強いからか、人口の多いチューリンゲンからザクセンにかけての旧中部ドイツ地方では、社会民主党が勝つだろうと考えられていた。しかし、この地域では戦後四〇年の間にかつての労働者の社会・文化世界は消滅し保守化していた。

この選挙の争点は、何よりも、ドイツ統一をどのような速度で進めるかにあった。全体の投票率は九三・四％を数えた。

そのなかで、コールが唱える早期統一を支持するドイツのための同盟が、得票率四八・一％を獲得した。くわえて、自由民主同盟が五・三％の得票をえた。東ドイツの人びとの多数は、急速な統一を望んだのだった。

統一について長い移行期間を設定しようとする社会民主党は、二一・九％の得票だった。これまで東ドイツの体制転換の担い手であった九〇年同盟と緑の党／独立女性同盟がまったくもって奮わなかったのは驚きであった。彼らは、合計で五％しか票を獲得できず、ドイツ統一に対する慎重な立場は人びとには受け入れられなかった。「革命はその子供たちを置き去りにした」のである。

旧体制の負の遺産を背負っているはずの社会主義統一党／民主社会主義党（SED／PDS）は一六・四％と健闘する。彼らは社会資本を優先的に整備してきた東ベルリンでは、三〇％を超す票を手に入れた。依然として党員のネットワークが機能しており、所有していた新聞メディアも利用することができた。その反面、保守派の金城湯池と化した南部での得票率は一〇％にも満たない。この選挙は、現在まで続く東側地域の政党の支持分布を示すものとなった。

経済ナショナリズムの勝利

人民議会選挙の真の勝利者はコール政権であった。社会民主党の一人が述べたように、「東ドイツ市民は特定の政党を支持したのではない。連邦政府を支持した」のだった。彼らは人民議会選挙を実施することが決まった時点で、すでに政治的な自由を手に入れている。彼らはなによりも生活状況の改善が期待できるため、早期のドイツ統一を選んだ。

東ドイツの人びとにとっては、長年の願望であり、社会主義統一党が約束し続けた西ドイツの生活を享受しうる機会がすぐそこに来ているように感じられた。しかも、これまで社会主義体制下で手にしていた失業がないといった状況は維持されるとも考えた。

西側から入り込んだ各党の選挙コンサルタントは、選挙戦の最中は、統一後に予想される失業、社会不安などの欠点についてはほとんど語らなかった。東ドイツの人びとは新たな福祉の担い手を西ドイツ政府に見たのである。その点で、東ドイツ国民にとって政府が雇用と生活、そして社会福祉を保証する後見社会国家体制は依然として当然視されていた。

この人たちは、本質的に自らが有する力に信用を置いていない。彼らは古い社会主義統一党による後見性を、キリスト教民主同盟によるものに置き換えた。赤い国家ではなく、今や、黒い祖国〔黒はキリスト教民主同盟のシンボルカラー〕が彼らのためにすべてを提供するのである。（*Tageszeitung*, 21. 3. 1990）

選挙敗北後、九〇年同盟の関係者が残したこの言葉はまさに正しい状況をいい当てている。その一方で、彼ら反対派は東ドイツの人びとに訴えかけられるだけの経済的な方向性を示せず、西ドイツ側が述べる以上のバラ色の未来を人びとに提示することができなかった。東ドイツの経済的な現状を冷静に判断して、人びとに希望を与える将来像を示せなかった点は、むしろ現実主義的すぎた。その一方で、九〇年同盟が訴えるエコロジーや人権はあまりにも理想主義的であった。

また、東側のキリスト教民主同盟の党首であるローター・デ・メジエールは自党の勝利に困惑せざるをえなかった。彼らは過半数の議席を確保して勝利しすぎたことで、早期の統一という選択肢しかなくなり、それを進める西ドイツのコール政権に対する交渉権を皮肉にも失う。国内的には他の声もあるから、西ドイツ側の要求を飲むことはできないと説明できなくなったのである。

東ドイツの売却価格交渉

一九九〇年四月一二日に新たな人民議会は、そのデ・メジエールを首相に選出した。新しい東ドイツ政府は西ドイツ政府との交渉にあたって、「社会的公正の理念を持ち、環境について配慮した社会市場経済」を目指す立場に立って交渉をすると述べた。

すぐ後には、西ドイツの提案する経済改革を伴う通貨同盟の交渉が控えていた。これは東ドイツマルクを西ドイツマルクに交換するレートを決める交渉である。これまで公式の貿易では一西ドイツマルク対四東ドイツマルクで交換されてきた。当時市場では実際に東ドイツマルクは一対八ないしは九で取引されていた。東ドイツ側は民意もあり、通貨統一をする際に一対一で交換することを望む。

この時までに消費財にかけられていた各種の補助金は廃止され、物の値段は上昇していた。

西ドイツ側から物資が入ってきても、それを買うだけの購買力に乏しいという状態に陥っていた。

むろん、西ドイツ連邦銀行は純粋に財政金融面から試算を行い、二〇〇〇マルク以上の銀行資産と債務については一西ドイツマルクを二東ドイツマルクの割合で交換すると決定する。これには、東ドイツでは憤激のデモが生じる。人民議会選挙において、すべての政党が一対一での通貨交換を公約にし、コールも少額預金については同じ約束をしていた。

西ドイツ政府との交渉では妥協が図られた。個人に関してはその年齢に応じて二〇〇〇から六〇〇〇マルクについて一対一で、それ以上の金額については一対二で交換する。また、給料、年金、家賃等の日常的な支払いについても、同じく一対一での交換となった。

これらを全体で平均すると西ドイツマルク一につき、東ドイツマルク一・八となり、市場での交換レートから見ると、二から三倍の価値で東ドイツマルクは回収された。

七月一日、両ドイツの間で通貨・経済・社会同盟が発足し東ドイツ経済は西ドイツ経済へと統合された。その前夜には、西側からの商品が空のスーパーに大量に運び込まれ、ベルリン危機の際の西側通貨改革の時と同じく、一夜にして商品があふれる事態になる。東ドイツの人びとは、西ドイツマルクを手にして、いったんは消費財の不足から逃れることができるようになった。

これまで、一〇年以上待たねば手に入れられなかった自家用車の需要はすさまじいものだった。西側から中古車が大量に入り、日本車が町中をふつうに走る光景が出現した。

消費欲求の代償

ただ、この一時的な消費欲求の充足の先には、経済システムの西ドイツ化があった。西ドイツの市場経済は、これまで非合理的であっても生き残ってきた生産現場を直撃する。しかもコール政権は、その後、東欧諸国の市場経済化でほぼ踏襲されるショック療法の先駆けとなる、企業経営の早急な民営化を求める。

東ドイツはこの要求を飲む以外に選択肢はなく、人民議会は六月一七日、国営企業をはじめとする公有財産を管理するための信託公社を設立する法律を可決した。

東ドイツの企業には、生産性が悪い反面、西ドイツの企業にない長所が存在した。それは規模が大きいということである。この国の企業は大企業であっても、いくつかの企業連合を構成して経済活動を行ってきた。

この企業連合を活かして、経済活動を継続する方策も考えられた。大胆なリストラを伴うものの、市場経済のなかで生存競争に挑むことは可能であった。また、いくつかの企業においても十分な資本が投入されれば、生き残れたとされるものもあった。しかし、信託公社は、本来ならば競争相手となる西ドイツの同じ部門の企業に破格の値段で国営企業を売却する。確かに、同業者に売却すれば、場合によっては生産ノウハウを導入し、雇用は継続できるとも考えられなくもない。

しかし、西ドイツはすでに二次産業は飽和状態を迎えて久しかった。彼らにとっては競争相手になりかねない企業をタダ同然で手に入れて解体し、売り渡したほうが経済的に合理的である。こうして、それまでの東ドイツ経済が積み上げてきた少なからぬ遺産は失われた。

東ドイツ側から見れば、これは明らかに詐欺としか言いようがなかった。統一後、信託公社による企業売却には、経済犯罪にもなりうる事例があったという告発もなされている。たとえばロストックのネプチューン造船所は、この信託公社から西ドイツの造船会社に膨大な土地・設備・施設を含め、ほんのわずかな金額で売却されたといわれる。しかもその企業は後々、高額で土地を転売して利益をえた。ここにはドイツ統一をめぐる闇がある。

デ・メジエール政権は、内政面における西ドイツとの交渉のみならず、ドイツの最終的な国際的地位を決定する、五月五日以降の戦勝四ヵ国と東西ドイツの二＋四交渉においても、まったく主体性を発揮できなかった。この国は少なくとも四〇年間かけて、ソ連から徐々に自立性を獲得してきた。それがホーネッカーのボン訪問からたったの二年半で、西ドイツの立場を追認するだけの立場にまで追いやられる。

基本法と連邦共和国が存在するのだ。君たちが四〇年間の長きにわたって排除されていた、この二つの前提から始めようではないか。今や君たちは参加する権利を持っているのだ。

我々はそれについて気を配ろうではないか。（Wolfgang Schäuble, *Der Vertrag. Wie ich über die deutsche Einheit verhandelte*, Stuttgart DVA, 1991, S. 131）

これは西ドイツ側で交渉にあたり、その後内相を務めて連邦議会議長となるヴォルフガング・ショイブレが発した言葉である。そこには、統一によって西ドイツの制度をすべて東ドイツに押し付けようとする意図と自信があふれている。東ドイツの政治家はこの発言に対してなすすべがなかった。

東ドイツでは西ドイツに加入するために、七月には新しく五州を地方行政単位とする法律が作られる。そして、人民議会は八月二三日、ドイツ連邦共和国基本法第二三条に基づいて、西ドイツへ加入申請すると決定する。

一九九〇年一〇月三日、この新しい州と、一つになったベルリン市が西ドイツに加入して、ドイツ統一が完成した。二つのドイツのうち、その一つが消滅することでドイツは再び統一された。ドイツ統一とは、西ドイツによる東ドイツの吸収合併に他ならなかった。

終章　統一後の矛盾との対峙

本書は東ドイツの社会主義体制の限界や弱点、さらには抑圧の仕組みを描くに当たって、批判的ではあるが一方的に断罪をしなかった。かといって、失われた東ドイツを懐かしむものでもなく、東ドイツに暮らした人びとや反対派の行動についても手放しに肯定的には捉えなかった。

今のドイツの政治体制を正当化しようとする政治的な意図から生じた、一九八九年を大団円とする〝神話〟とは距離を置いて、東ドイツの四〇年間を検討してきた。そのため、東ドイツの歴史にいくつも現れては消えていった可能性にも目を向け、どうしてその選択がなされなかったのかについても触れた。

たとえば、敗戦直後のアンチ・ファシズム委員会や経営評議会は、別の社会主義の可能性を提示した。またスターリン・ノートが目指した中立ドイツの構想も、歴史的な条件が整えば可能であったかもしれない。一九六〇年代の「計画と指導の新経済システム」にも、そのまま企業の自主性を重視した経済運営へと舵を切るきっかけとなりえただろう。

また、東欧圏を眺めれば東ドイツは経済的には恵まれていたため、個人の消費生活の充実を掲げなくてもよかったはずである。耐久消費財についてはシェアエコノミーを志向し、消費財の価格改定を穏便にして、東側独自の日常生活スタイルを掲げるといった見解がなかったわけでもない。

体制崩壊の際にも、決して西ドイツへの吸収合併が最初から決まっていたわけではない。円卓会議は体制が維持できなくなるなか、中央のみならず地方でも政治的混乱が生じるのを防いだ。ここには第二次世界大戦後の西ドイツでは忌避されがちな直接民主主義を、政治制度として組み込む可能性があった。実際、いまでもその遺産が活かされている地方も存在する。反対派の描いた統一ドイツの道は、西ドイツでの憲法を新しく制定すべきとする人びとと共闘できたかもしれない。

しかし、東ドイツの方向性を決定したのは、国内外のさまざまな客観的な条件とウルブリヒトやホーネッカー、ソ連や西ドイツを含めた政治指導者から反対派の人びと、そして、なによりもこの国に住む人びとの意志であった。

本書はそれを踏まえて、この国が存続できた理由が実は、崩壊を導く矛盾へとつながった点を説明してきた。シュタージや社会主義統一党の強制力も忘れるわけにはいかない。二度の大きな危機、一九五三年の六月一七日事件と六一年八月一三日のベルリンの壁建設は、物理的な暴力があって初めて乗り越えられた。

しかし、その後の経済的な豊かさに加えて、人びとと体制との間では、作業班や請願、さらには大衆団体を通じて利害関心を届けられる仕組みが整う。この回路が体制を安定させるための機能を果たした点は無視できない。

人びとは体制に声をあげ続けることができたが、それは日常生活が政治化することを意味していた。彼らは政治に諦めて無関心になったり、私的な空間でのみ体制への批判をするといった態度をとらなかった。

また、必要なところに物資がないか、あるいは退蔵されて流通しないという「不足の経済」のために、人びとは他者との協力や共助が自らの生存を図るうえで必要だと、毎日身をもって体験していた。だからこそ、この社会では自分さえよければ良いという態度をとることはありえなかった。

むろん、最大の体制安定要因は補助金を用いた消費財供給政策にある。社会主義統一党は基礎消費財を安価にし、耐久消費財や高級製品の高価格化を進め、その売り上げを補助金として利用した。この仕組みは一九五〇年代にすでに登場し、その後も拡大していった。七〇年代以降、住宅供給をはじめとして、家賃や光熱費にまで補助金は投入された。

体制を安定させるためのこの仕組みは、東ドイツ社会内部で矛盾を拡大した。消費財の供給をめぐっては、高価格製品を購入できる人とそうでない人の格差が生じた。光熱費への補助金の投入は、環境汚染の一因ともなった。

社会主義統一党が東ドイツの抱えた矛盾を回避ないしは解決できなかったのは、政治指導のあり方に問題を抱えていたからである。指導者は生産キャンペーンで人びとに努力を強いながらも、西ドイツを超える、社会主義体制のほうがまさっている、といった根拠がない非常に楽観的な見込みに依拠し続けた。自らが掲げた目標が破綻していながらも、真摯《しんし》な反省はなかった。

しかも、彼らには正確な情報を人びとに伝えて、限りある動員可能な資源のなかで、できることとできないことを示して協力を求めるという姿勢はなかった。環境データに見られるように、ホーネッカー期には都合の悪い情報が隠蔽される傾向は特に強まった。失敗の原因を分析して修正を試みるのではなく、精神論を振りかざして何とかなると言い続けた。

官僚たちはルーティーンワークをこなすだけだった。たとえ、意を決して方針転換を訴えたとしても、硬直化した最高指導者はその判断を変えず、中央では責任をとる者はいなかった。

東ドイツの人びとは、体制の無策に備えて共助の仕組みを整えつつも、その反面で提供される福利厚生を当然のものとして享受した。

西ドイツとの経済関係を強化する方向性は、外交面では自ら不幸を呼び込むトロイの木馬になりかねなかった。それにもかかわらずソ連との関係が疎遠になるなかで、両独関係では東ドイツの西ドイツへの経済的な依存が進んだ。このことは西ドイツの経済的、文化的な影響力を遮断して国内社会を安定させたいという方向性と衝突した。アメリカをはじめとした西側文化の影響からも逃れられなかった。

そもそも、東ドイツは分断国家であったため、自国体制のさまざまな分野での成功指標を西ドイツの水準においた。このことが決定的矛盾を呼び起こした。

積み重なった矛盾に耐え切れなくなったのが一九八九年であった。そのとき東ドイツの人びとは、経済的な豊かさを西側に求めて短期間でのドイツ統一、すなわち西ドイツへの併合を選んだ。

統一の結果は、経済の衰退、失業率の増大や人口減少といったよく知られた旧東ドイツ問題を生み出した。統一から三〇年、ヘルムート・コール政権以降に新自由主義的な政策が推進され、ギリシャや南欧の債務危機やシリア難民危機といった外からのショックが起こるたび、国内的に足を引っ張る存在として旧東ドイツ地域が描かれる。そして経済的な立ち遅れ、排外的な風潮と権威主義的なメンタリティーの残存が問題視されている。

ドイツ人は、政治・社会問題の原因の多くを東ドイツに求めて、克服すべき過去とみなしている。それは皮肉にも、東ドイツもドイツ史の欠くことのできない一片であると認める証拠になっている。

しかし、東西統一がもたらした矛盾に責任を負っているのは決して旧東側だけではない。西ドイツには、海外から労働力として招き入れた移民の統合問題があった。ドイツの文化と、トルコ移民に代表されるイスラム文化との間の齟齬は深刻さを増していた。ネオナチ政党が州議会に進出する場合もあり、排外的ナショナリズムは問題視されていた。

ドイツ統一をめぐる外交交渉では、人びとの自己決定の意思表示がドイツ統一を承認するかどうかの鍵を握った。くわえて、一九九〇年に予定されている連邦議会選挙を有利に進めるため、コールをはじめとする西側の政治家は、実現の可能性が乏しい経済的な豊かさを約束した。そして、東ドイツの人びとに対してナショナリズムを煽った。統一後、旧東ドイツは西側から持ち込まれたナショナリズムと排外主義の影響を受けるようになる。

もともと、東ドイツで労働力として出稼ぎに来て暮らしていたベトナムやモザンビークなど共産圏からの外国人は、東ドイツの人びととはほとんど接触がなかった。出稼ぎ労働者は東ドイツ社会から隔離されて生活していた。それが東ドイツの崩壊で突如として隣人となり、失業率が爆発的に増大するなかで、旧東側の人びとは彼らが自らの生活基盤を脅かしかねないと思うようになった。こうして、旧西ドイツ社会が抱える問題に旧東側も悩まされる。

旧西ドイツから移植された政治・社会制度は、東ドイツ社会で人びとがこれまで当然のものと認識していた行動様式の意義を再確認させた。統一当初、旧西ドイツの社会保障や不足することのない消費生活は肯定的に受け入れられた。

しかし、二〇〇〇年代に入り、この社会保障制度が、新自由主義の波の中で動揺し、危機に陥る。その時、旧東側の人びとは、旧西ドイツ由来の社会国家が金銭的な保障はしつつも、東ドイツ時代には存在していた非公式な共助の仕組みを消滅させたと気づいた。統一ドイツ、すなわち旧西ドイツの制度が社会的なつながりを切断したのだ。それに対して、「不足の経済」で機能不全に陥りがちだった体制のほうが社会の連帯を強化することに貢献していた。旧東側の人びとは金銭的な保障の網の目が破れて初めて、東ドイツ時代の人と人とのつながりがどれだけ大きいものであったのかを再確認し、改めて喪失感を抱かざるをえなかった。

さらに、信託公社が国有資産を民営化する際、利益をえたのは旧西ドイツ側の企業である。やはり東側の人びとから見れば、不公平ないしは詐欺にも該当する不法ともいえる売却実態があった。

東ドイツ時代に生み出したものを、かつての東ドイツの人びとを犠牲にして旧西ドイツの人びとが手に入れるのは一方的に奪われるだけの不正であると思われた。それゆえ、旧東側の人びとは東ドイツ時代以上に不公平さを感じている。

ドイツ統一で旧東ドイツの人びとは自由を手に入れながら、公正さを失ったといえなくもない。これらの矛盾を許した西ドイツ的なものへの非難や抗議が統一後一〇年以上経って、かつての時代を懐かしむ「オスタルギー（東を示すオストと、ノスタルジーを合わせた言葉）」と呼ばれる現象として現れた。この現象は現在の東側地域が抱える問題だけではなく、旧西ドイツの矛盾をも映し出す鏡なのである。

今ドイツは統一から三〇年を経て、旧来から西ドイツが抱えてきたものも含めて統一後に膨らんだ社会矛盾に対峙《たいじ》しているさなかにある。一九八九年の〝平和革命〟や西ドイツ外交、さらに旧連邦共和国の歩みを手放しに讃えるだけでは、もはや戦後ドイツの歴史を語ることはできない。

東西双方の負の遺産を直視して初めて、東ドイツの歴史は本当の意味で戦後ドイツ史の一部、さらにはドイツ史を超えた世界史の一部として意味を持つはずである。

あとがき

日本では近年、東ドイツやソ連型の国家社会主義（ナチス：国民社会主義との相違を示すために本書の中での表記とは異なり、あえてこの表現を用います）を一般読者向けに紹介する研究のほとんどが、恣意的な政治支配や秘密警察の抑圧を外在的な視点から非難するものです。そもそも、国が消滅してしまった以上、東ドイツを振り返る必要性はないと考えるかもしれません。いずれにせよ、東ドイツで起こった話は自分たちとは無縁であると考えていることに変わりはありません。

客観的にみて、現状では満たしえない要望を労働者が提出したとしても、もし彼らに納得できる形で説明がなされ、政治経済状況を示すならば、〔彼らは〕無理であることを納得してくれる〔中略〕たいていの問題は、我々がそのこと〔労働者が理解してくれるということ〕を信じられるか否かにある。（*SAPMO-BArch, DY 30/3337, Bl. 226*）

この一文は当の社会主義統一党内部で自らが抱える政治支配の欠陥を認識していた証拠とし

て、私が以前に刊行した単著で引用したものです。本書の執筆は、二〇二〇年のコロナウイルス問題でだれもが疲弊するなかでなされました。その際、この引用が何度も私の脳裏をちらつき、その都度苛立ちを覚えました。都合の悪いことを隠そうとしたり、歪《ゆが》んだ情報を提供したり、根拠もなく楽観的な言葉を言い続ければどうなるか、それは本書を読んでいただければ理解していただけるかと思います。

この一〇年以上、日本人の研究者による東ドイツの通史はありませんでした。その点では、基本的な知識を再度提供する必要があるかもしれません。しかし、旧来の枠組みの中でこれまでに明らかになった知見を提示するとしても、東ドイツを再度取り上げる意味はどれほどあるでしょうか。

そのため、国家社会主義体制＝悪、抑圧体制といったわかりやすい図式に則って、白黒はっきりさせる記述を本書はしませんでした。社会主義統一党のみならず反対派の弱点を取り上げ、身勝手ともいえるような東ドイツの人びとの行動様式についても批判的に見ています。

私がふだん専門として研究している体制と社会との関係を問う政治社会史以外にも、外交関係、特に東ドイツの対外経済関係やドイツ・アイデンティティーの変遷についても、本書は触れました。

なお、四〇年にわたる東ドイツの歴史のなかで、これまで日本では詳しく論じられることが少なかった一九六〇年代以降を丁寧に記述したうえで、新しい見方を提示するよう努めました。

もし皆さんが、東ドイツ市民が独裁体制を平和裡に打倒したという結末、大団円を期待して本書を読んだとしたら、その期待は大きく裏切られます。ただその期待は、私が研究の道に入った時に抱いていた思いでもあります。そのため、本書の結論は、私にとっては後味が良くないものになりました。しかし研究の蓄積に鑑みて、事実は事実として受け止めねばなりません。

東ドイツに関する研究は、まだ当事者が生存している研究対象であり、聞き取り調査に基づく資料をよく使います。しかし、私は文字史料で語られないことは、人の記憶が変化する可能性があるために使わないという研究姿勢を意識的にとっています。

ただ、今回はドイツで暮らした六年間、そして再度、二〇一六年から再び訪れるようになったこの四年間、さまざまな場面で聞くことができた東ドイツの姿を活かす記述をしました。それは今となっては鬼籍に入った多くの著名人が研究会や講演会でした話や、ドイツでの毎日の暮らしのなかで、知り合いから聞いた話です。そうはいっても、あくまでも文字史料や文献で確認ができるという限りですが。

本書はその点で一九八九年の変動を思春期に経験した者が、その後二〇年経って、当事者の声を聞きながら書いた同時代史であり、公開された一次史料に基づいて検証をした現代史でもあるという二つの側面を併せ持ちます。

この間、多くの方々にお世話になりました。そもそも本書の執筆が準備も含めて十分できたのは、勤務先の広島大学大学院旧総合科学研究科の諸先生方のおかげです。赴任してからこの四年間、さまざまな仕事を軽減していただきました。とりわけ研究科長であった岩永誠先生、副研究科長で私と同じくドイツ現代史を専攻する長田浩彰先生、そして、田中暁先生には、本書の執筆を含め私の研究が第一に進むように特段のご配慮をいただきました。

今回も、私の原稿を読んで感想とコメントを寄せてくれたのは板橋拓己さんと原田昌博先生です。どれだけそのコメントを活かした記述になっているのか不安ですが、参考になる点を多く指摘していただきました。私が不案内な東ドイツのユダヤ人の動向については、木畑和子先生から文献をお借りして執筆を進めることができました。また、藤原星汰君にも協力をいただきました。むろん、記述の誤りはすべて私の責任です。

板橋さんが先に翻訳したアンドレアス・レダー『ドイツ統一』（岩波書店、二〇二〇年）からは、東ドイツの一九八〇年代後半の社会について、西ドイツ側からの典型的な見方を知ることができます。また、本書では展開できなかったドイツ統一に際しての多国間外交の様相が理解できます。併せてご参照ください。

また、両親、多くの友人や知人が執筆に向かう際の健康を維持するために支えてくれました。ここでは特に長尾浩平さんの名前をあげてさせていただきます。

長年の友人であるMartin Buchsteinerさんには、今回もドイツ語の解釈をはじめとして助けていただきました。また本書で記述した東ドイツの日常の様子は、Marion GrödelさんとGerhardならびにPetra Hadaschikご夫妻との会話から多くをえることができました。

本書の企画は二〇一七年、恩師である富田武先生（成蹊大学名誉教授）を囲む場で、編集にあたってくれた白戸直人さんと吉田亮子さんに運よく知り合えたことがきっかけです。東ドイツに関する通史の必要性を認識していたところにすぐさま企画を立てていただき、執筆にあたってご助言をいただきました。

富田先生には今回、ソ連関係の人名や組織の訳語を付ける際に、特にご助力をいただきました。私は、先生から長年にわたりソ連型の国家社会主義体制についてさまざまな教えを受けてきました。

それと同時に大学の垣根を越えて、亡き斎藤哲先生（明治大学政治経済学部教授）からも、東ドイツを含めた近現代ドイツ史に関する知見を広げるようご指導をいただきました。ロストック大学への留学も先生のご支援があってはじめて実現できました。

これまでのご指導を活かした仕事ができたのかどうかははなはだ心もとないのですが、長年にわたる学恩に感謝しつつ、お二人に本書を捧げます。

二〇二〇年九月　ドイツの文書館への再訪と友人たちとの再会を待ち望みつつ

河合信晴

吉田成章『ドイツ統一と教授学の再編―東ドイツ教授学の歴史的評価』(広島大学出版会、2011年)。

主要図版出典一覧

DDR-Handbuch　p.6,37
Die DDR（2014）　p.14,42,68,102（上）,135,154,166（上）,203,211,235,244（上）
Arbeiter im „Arbeiterstaat" DDR　p.81,82
Wendepunkte Die Chronik der Republik　p.90,244（下）
Von Mähdreschern und Musterdörfern　p.118
Deutsche Demokratische Republik Handbuch　p.121,166（下）
Deutschland-Chronik 1945-2000　102（下）,139,144,214,217
Geschichte der FDGB　p.174
Geschichte der SED　p.177

参考文献

市川ひろみ「ドイツ民主共和国国家人民軍建設部隊―暴力のない社会をめざした兵士たち」『国際協力論集』第3巻2号、1995年、141-161頁。

市川ひろみ「東ドイツ「平和革命」と教会 ―建設兵士の活動を中心に」、川越・河合編『歴史としての社会主義』所収、166-192頁。

河合信晴『政治がつむぎだす日常―東ドイツの余暇と「ふつうの人びと」』(現代書館、2015年)。

河合信晴「東ドイツ外交の成果と限界―両独基本条約交渉(一九六九～七二年)を例に」板橋拓己、妹尾哲志編『歴史のなかのドイツ外交』(吉田書店、2019年)。

河合信晴「「ドイツ統一に関する覚書」(1952)と東ドイツ・メクレンブルクにおける世論動向―「国民戦線」の世論調査から」『現代史研究』65号、2019年、1-15頁。

川越修・河合信晴編『歴史としての社会主義―東ドイツの経験』(ナカニシヤ出版社、2016年)。

川越修「旧東ドイツに中間組織は存在したか―人民連帯の活動を手がかりに」、辻英史・川越修編『歴史のなかの社会国家』所収、163-186頁。

川越修「高齢者と社会」川越修・河合信晴編『歴史としての社会主義』所収、114-137頁。

木畑和子『ユダヤ人児童の亡命と東ドイツへの帰還―キンダートランスポートの群像』(ミネルヴァ書房、2015年)。

近藤潤三『東ドイツ(DDR)の実像』(木鐸社、2010年)。

近藤潤三『比較のなかの戦後史―日本とドイツ』(木鐸社、2018年)。

近藤潤三『忘れられた独裁国家―東ドイツの形成』(木鐸社、2020年)。

斎藤哲「第7章　ドイツ民主共和国」、「第8章　統一ドイツ　1民主共和国の崩壊から統一ドイツの形成へ」成瀬治・山田欣吾・木村靖二編『ドイツ史〈3〉1890-現代(世界歴史体系)』(山川出版社、1997年)所収、427-506、507-527頁。

斎藤哲『消費生活と女性―ドイツ社会史(1920～70年)の一側面』(日本経済評論社、2007年)。

白川欽哉『東ドイツ工業管理史論』(北海道大学出版会、2017年)。

高岡智子「「国民音楽」としての東ドイツロック―文化政策が生み出したポピュラー音楽」『演劇映像学―演劇博物館グローバルCOE紀要』、2号、2011年、21-40頁。

高岡智子「東ドイツのポピュラー音楽の系譜」川越修・河合信晴編『歴史としての社会主義』所収、138-165頁。

辻英史・川越修編『歴史のなかの社会国家―20世紀ドイツの経験』(山川出版社、2016年)。

仲井斌『ドイツ史の終焉―東西ドイツの歴史と政治』(早稲田大学出版部、2003年)。

成瀬治・山田欣吾・木村靖二編『ドイツ史〈3〉1890-現在』(山川出版社、1997年)。

藤澤潤『ソ連のコメコン政策と冷戦―エネルギー資源問題とグローバル化』(東京大学出版会、2019年)。

藤原星汰「1980年代東ドイツにおける大気汚染と住民の健康問題」『史学研究』、305号、2020年、248-264頁。

星乃治彦『東ドイツの興亡』(青木書店、1991年)。

星乃治彦『社会主義国における民衆の歴史―1953年6月17日東ドイツの情景』(法律文化社、1994年)。

星乃治彦『社会主義と民衆―初期社会主義の歴史的経験』(大月書店、1998年)。

村上悠「東ドイツ体制批判運動の拡大―「開かれた活動」の展開を中心に」『政治研究』63号、2016年、69-97頁。

山田徹『東ドイツ・体制崩壊の政治過程』(日本評論社、1994年)。

Mühlberg, Felix, *Bürger, Bitten und Behörden. Geschichte der Eingabe in der DDR*, Berlin: Karl Dietz Verlag, 2004.

Neubert, Ehrhart, *Geschichte der Opposition in der DDR 1949-1989*, 2. durchgesehene und erweiterte Auflage, Berlin: Christoph Links, 1998.

Neubert, Ehrhart, *Unsere Revolution. Die Geschichte der Jahre 1989/90*, München/Zürich: Piper, 2008（山木一之訳『われらが革命　1989年から90年―ライプチッヒ、ベルリン、そしてドイツの統一』〔彩流社、2010年〕).

Niemann, Heinz, *Meinungsforschung in der DDR. Die geheimen Berichte des Instituts für Meinungsforschung an das Politbüro der SED*, Köln: Bund-Verlag, 1993.

Niemann, Heinz, *Hinterm Zaun. Politische Kultur und Meinungsforschung in der DDR. Die geheimen Berichte an das Politbüro der SED*, Berlin: Edition Ost, 1995.

Niemann, Mario, *Die Sekretäre der SED-Bezirksleitungen 1952-1989*, Paderborn/München/Wien/Zürich: Ferdinand Schöningh, 2007.

Pence, Katherine/Betts, Paul（eds.）, *Socialist Modern. East German Everyday Culture and Politics*, Ann Arbor: University of Michigan Press, 2008.

Pirker, Theo/Lepsius Rainer M. et al.（Hrsg.）, *Plan als Befehl und Fiktion. Wirtschaftsführung in der DDR*, Opladen: Westdeutscher Verlag, 1995.

Rödder, Andreas, *Deutschland einig Vaterlang. Die Geschichte der Wiedervereinigung*, 2. durchgesehene Auflage, München: C. H. Beck, 2009.

Rödder, Andreas, *Geschichte der deutschen Wiedervereinigung*, 2. Auflage, München: C. H. Beck, 2018（板橋拓己訳『ドイツ統一』〔岩波書店、2020 年〕).

Timm, Angelika, *Alles umsonst? Verhandlungen zwischen der Claims Conference und der DDR über „Wiedergutmachung" und Entschädigung*, Berlin: Helle Panke, 1996.

Wolle, Stefan, *Die heile Welt der Diktatur, Alltag und Herrschaft in der DDR, 1971-1989*, 3. aktualisierte und überarbeitete Auflage, Berlin: Christoph Links, 2009.

Zatlin, Jonathan R., *The Currency of Socialism. Money and Political Culture in East Germany*, Cambridge: Cambridge University Press, 2008.

日本語文献

足立芳宏『東ドイツ農村の社会史―「社会主義」経験の歴史化のために』（京都大学学術出版会、2011年）。

石井聡『もう一つの経済システム―東ドイツ計画経済下の企業と労働者』（北海道大学出版会、2010年）。

伊豆田俊輔「東ドイツの「文化同盟」（1945-1958）―知識人たちの自発性をめぐって」（東京大学大学院総合文化研究科博士学位論文、2014年）。

伊豆田俊輔「東ドイツにおける出版・検閲制度と「公論」：1950年代のアウフバウ出版社の事例から」『西洋史研究』、47号、2018年、1-22頁。

伊豆田俊輔「ヴィクトーア・クレンペラーと「スターリン言語学」―ハイ・スターリン時代の東ドイツ知識人」『西洋史学報』、45号、2019年、27-52頁。

井関正久『戦後ドイツの抗議運動―「成熟した市民社会」への模索』（岩波書店、2016年）。

井関正久「東ドイツ「平和革命」から三〇年―元市民運動家の視点からみる一九八九年の遺産」『思想』、1146号、2019年、48-68頁。

板橋拓己・妹尾哲志編『歴史のなかのドイツ外交』（吉田書店、2019年）。

市川ひろみ「東ドイツにおける教会と市民運動―「社会主義のなかの教会」の役割と限界」『歴史評論』546号、1995年、48-63頁。

Besier, Gerhard, *Der SED-Staat und die Kirche 1969–1990. Die Vision vom "dritten Weg"*, Berlin/Frankfurt (Main) : Propyläen, 1995.

Besier, Gerhard, *Der SED-Staat und die Kirche 1983–1991. Höhenflug und Absturz*, Berlin/Frankfurt (Main) : Propyläen, 1995.

Dietrich, Christopher, *Kontrollierte Freiräume. Das Kabarett in der DDR zwischen MfS und SED*, Berlin: be. bra wissenschaft verlag, 2016.

Engler, Wolfgang, *Die Ostdeutschen. Kunde von einem verlorenen Land*, Berlin: Aufbau Verlag, 1999(岩崎稔・山本裕子訳『東ドイツのひとびと―失われた国の地誌学』〔未来社、2010年〕).

Fulbrook, Mary, *The People's State. East German Society from Hitler to Honecker*, New Haven/London: Yale University Press, 2005.

Garton Ash, Timothy, *The File. A Personal History*, London: Vintage, 1998(今枝麻子訳『ファイル―秘密警察とぼくの同時代史』〔みすず書房、2002年〕).

Heinz, Michael, *Von Mähdreschern und Musterdörfern. Industrialisierung der DDR-Landwirtschaft und die Wandlung des ländlichen Lebens am Beispiel der Nordbezirke*, Berlin: Metropol Verlag, 2011.

Hertle, Hans-Hermann, *Der Fall der Mauer. Die Unbeabsichtigte Selbstauflösung des SED-Staates*, 2. durchgesehene Auflage, Opladen: Westdeutscher Verlag, 1999.

Hübner, Peter, *Arbeit, Arbeiter und Technik in der DDR 1971 bis 1989. Zwischen Fordismus und digitaler Revolution*, Bonn: J. H. W. Dietz Nachf., 2014.

Izeki, Tadahisa, *Das Erbe der Runden Tische in Ostdeutschland. Bürgerorientierte Foren in und nach der Wendezeit*, Frankfurt (Main) /Berlin/Bern/New York/Paris/Wien: Peter Lang Verlag, 1999.

Kaiser, Monika, *1972-Knockout für den Mittelstand. Zum Wirken von SED, CDU, LDPD und NDPD für die Verstaatlichung der Klein- und Mittelbetriebe*, Berlin: Karl Dietz Verlag, 1990.

Kowalczuk, Ilko-Sascha, *Endspiel. Die Revolution von 1989 in der DDR*, 2. durchgesehene Auflage, München: C. H. Beck, 2009.

Lindenberger, Thomas (Hrsg.), *Herrschaft und Eigen-Sinn in der Diktatur. Studien zur Gesellschaftsgeschichte der DDR*, Köln/Weimar/Wien: Böhlau Verlag, 1999.

Lüdtke, Alf/Becker, Peter (Hrsg.), *Akten. Eingaben. Schaufenster. Die DDR und ihre Texte: Erkundungen zu Herrschaft und Alltag*, Berlin: Akademie Verlag,1997.

Madarász, Jeannette Z., *Conflict and Compromise in East Germany, 1971–1989. A Precarious Stability*, Basingstoke: Palgrave Macmillan, 2003.

Madarász, Jeannette Z., *Working in East Germany. Normality in a Socialist Dictatorship, 1961–79*, Basingstoke: Palgrave Macmillan, 2006.

Maier, Charles S., *Dissolution. The Crisis of Communism and the End of East Germany*, Princeton: Princeton University Press, 1997.

Malycha, Andreas, *Die SED in der Ära Honecker. Machtstrukturen, Entscheidungsmechanismen und Konfliktfelder in der Staatspartei 1971 bis 1989*, München: de Gruyter Oldenbourg, 2014.

McLellan, Josie, *Love in the Time of Communism. Intimacy and Sexuality in the GDR*, Cambridge/New York: Cambridge University Press 2011.

Merkel, Ina (Hrsg.), *"Wir sind doch nicht die Meckerecke der Nation". Briefe an das DDR-Fernsehen*, stark erweiterte Neuausgabe, Berlin: Schwarzkopf und Schwarzkopf, 2000.

Jahrzehnten, Stuttgart: Deutsche Verlags-Anstalt, 1990.

Loth, Wilfried, *Stalins ungeliebtes Kind. Warum Moskau die DDR nicht wollte*, Berlin: Rowohlt Berlin Verlag, 1994.

Mählert, Ulrich, *Die Freie Deutsche Jugend 1945–1949: von den "Antifaschistischen Jugendausschüssen" zur SED-Massenorganisation. Die Erfassung der Jugend in der Sowjetischen Besatzungszone*, Paderborn/München/Wien/Zürich: Ferdinand Schöningh, 1995.

Malycha, Andreas, *Die SED. Geschichte ihrer Stalinisierung, 1946–1953*, Paderborn / München/Wien/Zürich: Ferdinand Schöningh, 2000.

McDougall, Aran, *Youth Politics in East Germany. The Free German Youth Movement, 1946–1968*, Oxford: Clarendon Press, 2004.

Naimark, Norman M., *The Russians in Germany. A History of the Soviet Zone of Occupation, 1945–1949*: Cambridge（MA）/London: Belknap Press of Harvard University, 1995.

Poutrus, Patrice G., *Die Erfindung des Goldbroilers. Über den Zusammenhang zwischen Herrschaftssicherung und Konsumentwicklung in der DDR*, Köln/Weimar/Wien: Böhlau Verlag, 2002.

Richthofen, Esther von, *Bringing Culture to the Masses. Control, Compromise and Participation in the GDR*, New York/Oxford: Berghahn Books, 2009.

Roesler, Jörg, *Zwischen Plan und Markt. Die Wirtschaftsreform in der DDR zwischen 1963 und 1970,* Berlin: Haufe, 1991.

Ross, Corey, *Constructing Socialism at the Grass-Roots. The Transformation of the East Germany, 1945–65,* Basingstoke: Palgrave Macmillan Press, 2000.

Sachse, Carola, *Der Hausarbeitstag. Gerechtigkeit und Gleichberechtigungen in Ost und West 1939–1994*, Göttingen: Wallstein, 2002.

Sarotte, Mary Elise, *Dealing with the Devil. East Germany, Détente, and Ostpolitik, 1969–1973*, Chapel Hill/London: University of North Carolina Press, 2001.

Schuhmann, Annette, *Kulturarbeit im sozialistischen Betrieb. Gewerkschaftliche Erziehungspraxis in der SBZ/DDR 1946 bis 1970,* Köln/Weimar/Wien: Böhlau Verlag, 2006.

Staritz, Dietrich, *Die Gründung der DDR. Von der sowjetischen Besatzungsherrschaft zum sozialistischen Staat*, 3. überarbeitete und erweiterte Neuauflage, München: Deutscher Taschen Verlag, 1995.

Steiner, André, *Die DDR-Wirtschaftsreform der sechziger Jahre: Konflikt zwischen Effizienz- und Machtkalkül*, Berlin: Akademie Verlag, 1999.

Timm, Angelika, *Hammer, Zirkel, Davidstern. Das gestörte Verhältnis der DDR zu Zionismus und Staat Israel*, Bonn: Bouvier, 1997.

Wettig, Gerhard, *Die Stalin-Note. Historische Kontroverse im Spiegel der Quellen*, Berlin: be. bra wissenschaft verlag, 2015.

Wolle, Stefan, *Aufbruch nach Utopia. Alltag und Herrschaft in der DDR 1961–1971*, 2. durchgesehene Auflage, Berlin: Christoph Links Verlag, 2013.

Wolle, Stefan, *Der Große Plan. Alltag und Herrschaft in der DDR 1949–1961*, Berlin: Christoph Links Verlag, 2013.

1971年から1990年まで

Badstübner, Evemarie（Hrsg.）, *Befremdlich anders. Leben in der DDR,* Berlin: Karl Dietz, 2000.

参考文献

現在、1960年代から70年代をひとまとまりとして検討する見方が東ドイツ政治社会史研究では一般的になっているものの、便宜的にウルブリヒト時代とホーネッカー時代で区分した。双方にまたがるものは、本書の記述で主に参考にした年代による。

占領期から1971年まで

Agde, Günter (Hrsg.), *Kahlschlag. Das 11. Plenum des ZK der SED 1965, Studien und Dokumente*, 2. erweiterte Auflage, Berlin: Aufbau-Taschenbuch-Verlag, 2000.

Allinson, Mark, *Politics and Popular Opinion in East Germany, 1945-68*, Manchester: Manchester University Press, 2000.

Bessel, Richard/Jessen, Ralph (Hrsg.), *Die Grenzen der Diktatur. Staat und Gesellschaft in der DDR*, Göttingen: Vandenhoeck und Ruprecht, 1996.

Feinstein, Joshua, *The Triumph of the Ordinary: Depictions of Daily Life in the East German Cinema, 1949-1989*, Chapel Hill/ London: University of North Carolina Press, 2002.

Fulbrook, Mary (ed.), *Power and Society in the GDR, 1949-1979. The 'Normalisation of Rule'?*, New York/Oxford: Berghahn Books, 2009.

Hölscher, Christoph, *NS-Verfolgte im „antifaschistischen Staat". Vereinnahmung und Ausgrenzung in der ostdeutschen Wiedergutmachung (1945-1989)*, Berlin: Metropol Verlag, 2002.

Hübner, Peter, *Konsens, Konflikt und Kompromiß. Soziale Arbeiterinteressen und Sozialpolitik in der SBZ/DDR 1945-1970*, Berlin: Akademie Verlag, 1995.

Jarausch, Konrad H. (ed.), *Dictatorship as Experience. Towards a Socio-Cultural History of the GDR*, New York/Oxford: Berghahn Books, 1999.

Kaiser, Monika, *Machtwechsel von Ulbricht zu Honecker. Funktionsmechanismen der SED-Diktatur in Konfliktsituationen, 1962 bis 1972*, Berlin: Akademie Verlag, 1997.

Karlsch, Rainer, *Allein bezahlt? Die Reparationsleistungen der SBZ/DDR 1945-1953*, Berlin: Christoph Links Verlag, 1993.

Kleßmann, Christoph, *Die doppelte Staatsgründung. Deutsche Geschichte 1945-1955*, 5. überarbeitete und erweiterte Auflage, Bonn: Bundeszentrale für politische Bildung, 1991 (石田勇治・木戸衛一訳『戦後ドイツ史1945-1955―二重の建国』〔未来社、1995年〕).

Kleßmann, Christoph, *Zwei Staaten, eine Nation. Deutsche Geschichte 1955-1970*, 2. überarbeitete und erweiterte Auflage, Bonn: Bundeszentrale für politische Bildung, 1997.

Kleßmann, Christoph, *Arbeiter im „Arbeiterstaat" DDR. Deutsche Traditionen, sowjetisches Modell, westdeutsches Magnetfeld (1945 bis 1971)*, Bonn: J. H. W. Dietz Nachf., 2007.

Kleßmann, Christoph/Stöver, Bernd (Hrsg.), *1953-Krisenjahr des Kalten Krieges in Europa*, Köln/Weimar/Wien: Böhlau Verlag, 1999.

Klötzer, Sylvia, *Satire und Macht. Film, Zeitung, Kabarett in der DDR*, Köln/Weimar/Wien: Böhlau Verlag, 2006.

Kowalczuk, Ilko-Sascha, *17. Juni 1953. Geschichte eines Aufstands*, München: C. H. Beck, 2013.

Lemke, Michael, Die Berlinkrise 1958 bis 1963. Interessen und Handlungsspielräume der SED im Ost-West-Konflikt, Berlin: Akademie Verlag, 1995.

Lemke, Michael, *Einheit oder Sozialismus? Die Deutschlandpolitik der SED 1949-1961*, Köln/Weimar/Wien: Böhlau Verlag, 2001.

Leonhard, Wolfgang, *Das kurze Leben der DDR, Berichte und Kommentare aus vier*

Weber, Hermann, *Die DDR 1945–1990*, 3. überarbeitete und erweiterte Auflage, München: Oldenbourg Wissenschaftsverlag, 2000（斎藤哲・星乃治彦訳『ドイツ民主共和国史―「社会主義」ドイツの興亡』〔日本経済評論社、1991年〕、1988年版からの訳）.

通史

Dietrich, Gerd, *Kulturgeschichte der DDR*, 3. Bde., überarbeitete Neuauflage, Göttingen: Vandenhoeck & Ruprecht, 2019.

Fulbrook, Mary, *Anatomy of a Dictatorship. Inside the GDR, 1949–1989,* Oxford: Oxford University Press, 1995.

Garton Ash, Timothy, *In Europa's Name. Germany and the Divided Continent,* London: Vintage, 1993（杉浦茂樹訳『ヨーロッパに架ける橋：東西冷戦とドイツ外交』〔上・下、みすず書房、2009年〕）.

Gieseke, Jens, *Die Stasi: 1945–1990*, München: Pantheon, 2011.

Kaelble, Hartmut/Kocka, Jürgen, et. al., *Sozialgesichte der DDR*, Stuttgart: Klett Cotta, 1994.

Kaminsky, Annette, W*ohlstand, Schönheit, Glück. Kleine Konsumgeschichte der DDR*, München: C. H. Beck, 2001.

Mählert, Urlich, *Kleine Geschichte der DDR*, 6. überarbeitete Auflage, München: C. H. Beck, 2009（伊豆田俊輔訳『東ドイツ史―1945-1990』〔白水社、2019年〕）.

Malycha, Andreas/Winters, Peter Jochen, *Geschichte der SED. Von der Gründung bis zur Linkspartei*, München: C. H. Beck, 2009.

Merkel, Ina, *Utopie und Bedürfnis. Die Geschichte der Konsumkultur in der DDR*, Köln/Weimar/Wien: Böhlau Verlag, 1999.

Meuschel, Sigrid, *Legitimation und Parteiherrschaft in der DDR. Zum Paradox von Stabilität und Revolution in der DDR, 1945–1989*, Frankfurt（Main）: Suhrkamp, 1992.

Palmowski, Jan, *Investing a Socialist Nation. Heimat and the Politics of Everyday Life in the GDR*, Cambridge: Cambridge University Press, 2009.

Roesler, Jörg, *Geschichte der DDR*, 4. Auflage, Köln: Papy Rossa Verlag, 2019.

Schöne, Jens, *Die DDR. Eine Geschichte des „Arbeiter- und Bauernstaates"*, Berlin: Berlin Story Verlag, 2014.

Schröder, Klaus, *Die SED-Staat. Partei, Staat und Gesellschaft, 1949–1990*, München: Econ-Ullstein-List-Verlag, 2000.

Staritz, Dietrich, *Geschichte der DDR*, erweiterte Neuausgabe, Frankfurt（Main）: Suhrkamp, 1996.

Steiner, André, *Von Plan zu Plan. Eine Wirtschaftsgeschichte der DDR*, München: Deutsche Verlags-Anstalt, 2004.

Weber, Hermann, *Geschichte der DDR*, aktualisierte und erweiterte Neuausgabe, München: Deutscher Taschenbuch Verlag, 1999.

Wentker, Hermann, *Außenpolitik in engen Grenzen. Die DDR im internationalen System 1949–1989*, München: Oldenbourg Wissenschaftsverlag, 2007（岡田浩平訳『東ドイツ外交史　1949–1989』〔三元社、2013年〕）.

Wolle, Stefan, *DDR*, Frankfurt（Main）: Fischer Taschen Verlag, 2004.

参考文献

研究入門書と参考事典類

Bauerkämper, Arnd, *Die Sozialgeschichte der DDR*, München: Oldenbourg Wissenschaftsverlag, 2005.

Broszat, Martin/Weber, Hermann（Hrsg.）, *SBZ-Handbuch. Staatliche Verwaltungen, Parteien, gesellschaftliche Organisationen und ihre Führungskräfte in der sowjetischen Besatzungszone Deutschlands 1945-1949*, München: Oldenbourg Wissenschaftsverlag 1990.

DDR-Handbuch, hrsg. von Bundesministerium für innerdeutsche Beziehungen, Bde. 2, 3. Aufl. Köln: Verlag Wissenschaft und Politik, 1985.

Eppelmann, Rainer/Faulenbach, Bernd, et al.（Hrsg.）, Bilanz und Perspektiven der DDR-Forschung, Paderborn/München/Wien/Zürich: Ferdinand Schöningh, 2003.

Fulbrook, Mary, *Interpretations of the Two Germanies, 1945-1990*, 2nd. ed, Basingstoke: Palgrave Macmillan, 2000（芝健介訳『二つのドイツ―1945-1990』〔岩波書店、2009年〕）.

Glaeßner, Gert-Joachim, *Die andere deutsche Republik. Gesellschaft und Politik in der DDR*, Opladen: Westdeutscher Verlag, 1989.

Grieder, Peter, *The German Democratic Republic*, Basingstoke: Palgrave Macmillan, 2012.

Herbst, Andreas/Ranke, Winfried/Winkler, Jürgen（Hrsg.）So funktionierte die DDR, Bde. 3, Reinbek bei Hamburg: Rowohlt Verlag, 1994.

Herbst, Andreas/Stephan, Gerd-Rüdiger, et al.（Hrsg.）, *Die SED. Geschichte, Organisation, Politik. Ein Handbuch*, Berlin: Karl Dietz Verlag, 1997.

Heydemann, Günther, *Die Innenpolitik der DDR*, München: Oldenbourg Wissenschaftsverlag, 2003.

Materialien der Enquete-Kommission. „Aufarbeitung von Geschichte und Folgen der SED-Diktatur in Deutschland“（12. Wahlperiode des deutschen Bundestages）, hrsg. vom deutschen Bundestag, Bde. 9, Baden-Baden/Frankfurt（Main）: Nomos/Suhrkamp, 1995.

Materialien der Enquete-Kommission. „Überwindung der Folgen der SED-Diktatur im Prozess der Deutschen Einheit“（13. Wahlperiode des deutschen Bundestages）, hrsg. vom deutschen Bundestag, Bde. 8, Baden-Baden/Frankfurt（Main）: Nomos/Suhrkamp, 1999.

Möller, Horst/Tschubarjan, Alexandr O., et al.（Hrsg.）, *SMAD-Handbuch, Die Sowjetische Militäradministration in Deutschland 1945-1949*, München: Oldenbourg Wissenschaftsverlag, 2009.

Ross, Corey, *The East German Dictatorship. Problems and Perspectives in the Interpretation of the GDR*, London: A Hodder Arnold Publication, 2002.

Scholtyseck, Joachim, *Die Außenpolitik der DDR*, München: Oldenbourg Wissenschaftsverlag, 2003.

Stephan, Gerd-Rüdiger/Hebst, Andreas et al.（Hrsg.）, *Die Parteien und Organisationen der DDR. Ein Handbuch*, Berlin: Karl Dietz Verlag, 2002.

SPD	Sozialdemokratische Partei Deutschlands	（ドイツ）社会民主党
SPK	Staatliche Plankommission	国家計画委員会
UFV	Unabhängiger Frauenverband	独立女性同盟
VEB	Volkseigener Betrieb	人民所有企業
VEG	Volkseigenes Gut	人民所有農場
VKSK	Verband der Kleingärtner, Siedler und Kleintierzüchter（der DDR）	（東ドイツ）小菜園連盟：小菜園・家庭菜園愛好家・小動物飼育家連盟
VVB	Vereinigung Volkseigener Betriebe	人民所有企業連合
VVN	Vereinigung der Verfolgten des Naziregimes	ナチ体制犠牲者連盟
VWR	Volkswirtschaftsrat	国民経済評議会
VdgB	Vereinigung der gegenseitigen Bauernhilfe	農民互助協会

略語一覧

IM	Informeller Mitarbeiter	（シュタージの）非公式協力者
KB	Kulturbund der DDR（„Kulturbund zur demokratischen Erneuerung Deutschlands“, „Deutscher Kulturbund“）	文化同盟
KIM	Kombinat Industrielle Mast	養鶏コンビナート
KoKo	Kommerzielle Koordinierung	通商調整部
KPD	Kommunistische Partei Deutschlands	（ドイツ）共産党
LDPD	Liberal-Demokratische Partei Deutschlands	（ドイツ）自由民主党
LPG	Landwirtschaftliche Produktionsgenossenschaft	農業生産協同組合
MfS	Ministerium für Staatssicherheit (Stasi)	国家保安省
NAW	Nationales Aufbauwerk	国民建設活動
NDPD	National-Demokratische Partei Deutschlands	（ドイツ）国民民主党
NKFD	Nationalkomitee „Freies Deutschland“	自由ドイツ国民委員会
NVA	Nationale Volksarmee	国家人民軍
NÖSPL	Neues Ökonomisches System der Planung und Leitung	計画と指導の新経済システム
ÖSS	Ökonomisches System des Sozialismus	社会主義経済システム
PGH	Produktionsgenossenschaft des Handwerks	手工業生産協同組合
POS	Polytechnische Oberschule	総合技術学校
RIAS	Rundfunk im amerikanischen Sektor	アメリカ占領地区放送
RTL	Radio Television Luxemburg	ルクセンブルク放送
SAG	Sowjetische Aktiengesellschaft	ソ連株式会社
SBZ	Sowjetische Besatzungszone	ソ連占領地区
SDP	Sozialdemokratische Partei in der DDR	東ドイツ社会民主党
SED	Sozialistische Einheitspartei Deutschlands	（ドイツ）社会主義統一党
SED/PDS	Sozialistische Einheitspartei Deutschland/ Partei des Demokratischen Sozialismus	社会主義統一党/民主社会主義党
SKK	Sowjetische Kontrollkommission	ソ連管理委員会
SMAD	Sowjetische Militäradministration in Deutschland	在独ソ連軍政本部

略語一覧

東ドイツに関係した本には、非常に多くの略語が使われている。本書はすべて日本語に訳したが、参考のために登場する東ドイツ関係の略語と対照訳を提示する。

BEK	Bund der Evangelischen Kirchen in der DDR	東ドイツ福音教会同盟
BFD	Bund Freier Demokraten	自由民主同盟
BGL	Betriebsgewerkschaftsleitung	企業労働組合管理指導部
BStU	Die Bundesbeauftragte für die Unterlagen des Staatssicherheitsdienstes der ehemaligen DDR	旧東ドイツ国家保安省文書のための連邦委託管理団体
CDU	Christlich-Demokratische Union Deutschlands	（ドイツ）キリスト教民主同盟
COCOM	Coordinating Committee for Multilateral Export Controls	対共産圏輸出規制委員会
COMECON	Council for Mutual Economic Assistance	経済相互援助会議
DBD	Demokratische Bauernpartei Deutschlands	（ドイツ）民主農民党
DFD	Demokratischer Frauenbund Deutschlands	（ドイツ）民主女性同盟
DP	Displaced Persons	ディスプレイス・パーソンズ
DSU	Deutsche Soziale Union	ドイツ社会同盟
DTSB	Deutscher Turn-und Sportbund der DDR	（東ドイツ）体育スポーツ同盟
DWK	Deutsche Wirtschaftskommission	ドイツ経済委員会
EKD	Evangelische Kirche in Deutschland	ドイツ福音教会連盟
FDGB	Freier Deutscher Gewerkschaftsbund	自由（ドイツ）労働組合総同盟
FDJ	Freie Deutsche Jugend	自由（ドイツ）青年団
IFM	Initiative Frieden und Menschenrechte	平和と人権のイニシアティブ

10月　2日ライプチィヒ月曜デモ、8000〜2万人規模。4日ドレスデン中央駅で西ドイツへの特別移送列車をめぐり騒乱。7日東ドイツ建国40周年式典開催。8日東ドイツ各地でデモ発生、警察が出動。9日ライプチィヒ月曜デモ、約7万人規模。16日ライプチィヒ月曜デモ、約12万人規模。社会主義統一党武力鎮圧を放棄。18日社会主義統一党書記長ホーネッカー解任、後任はクレンツ。23日ライプチィヒ月曜デモ、約30万人規模
11月　4日ベルリンで50万人以上が参加のデモ。アレキサンダー広場での政府公認集会。7日閣僚評議会議長シュトーフ辞任。9日ベルリンの壁崩壊。13日モドロウ閣僚評議会議長就任。28日コール10項目提案
12月　3日社会主義統一党クレンツ書記長辞任。4日ライプチィヒ月曜デモ、ドイツ統一要求の高まり。7日円卓会議の初開催。19日コール、ドレスデン訪問（〜20日）

1990

3月　12日最後の円卓会議開催。最後のライプチィヒ月曜デモ、約3〜5万人規模。18日人民議会選挙
4月　5日ベルリンで通貨交換2：1に対する反対デモ。12日デ・メジエール政権発足
5月　5日ボンで第1回2＋4外相会議開催
6月　17日国営企業民営化のため「信託公社」法制定
7月　1日両独通貨・経済・社会同盟条約発効。22日東ドイツ地域に州設立
8月　23日人民議会、10月3日に西ドイツに加入を決議。31日東ドイツ側が西ドイツへの加入条約に調印
9月　12日2＋4条約調印
10月　3日ドイツ統一

ソ連軍政部命令は一年ごとに番号が付けられている。

1983	
6月	29日西ドイツと借款供与に合意、シュトラウス借款、引き続き翌年にも
11月	9日ルター生誕500年祭
1984	
5月	17日社会主義統一党中央委員会、閣僚評議会、自由ドイツ労働組合連盟幹事会共同決定、3人以上の子供がいる家庭の労働・生活条件の改善について
12月	1日最低年金300マルクに引き上げ
1985	
3月	11日ゴルバチョフ、ソ連共産党書記長就任
1986	
4月	17日社会主義統一党第11回党大会（〜21日）。23日社会主義統一党中央委員会、閣僚評議会、自由ドイツ労働組合連盟幹事会、子持ち家庭の労働・生活条件の改善と若年夫婦への支援を共同決定。26日チェルノブイリ原発事故発生
11月	20日5ヵ年計画（1986〜90）決定
1987	
4月	8日クルト・ハーガー、西ドイツの雑誌シュテルンのインタビュー
6月	6日西ベルリンでのロック・コンサート、壁の周辺に若者が集合、警察と衝突（〜8日）
9月	1日オロフ・パルメ記念デモ（〜18日）。7日ホーネッカー西ドイツ公式訪問（〜11日）
11月	25日環境文庫への家宅捜索
1988	
1月	17日ルクセンブルク=リープクネヒト記念デモに反対派グループが参加して逮捕
11月	20日ソ連の雑誌スプートニク発禁処分
1989	
1月	17日ルクセンブルク=リープクネヒト記念日に反対派の対抗デモ
5月	2日ハンガリー、国境の鉄条網撤去。7日地方議会選挙
8月	19日「パン・ヨーロッパ・ピクニック」開催
9月	4日ライプチィヒ月曜デモ、約1200人規模。9日「ノイエス・フォーラム」結成呼びかけ（〜10日）。11日ハンガリー、国境開放

10月　2日住宅建設プログラム決定

1974

1月　28日青年法改定
5月　2日両独、常駐代表部設置
9月　4日アメリカ合衆国と外交関係樹立
10月　7日憲法改正

1975

8月　1日全欧安保協力会議、ヘルシンキ最終議定書調印
10月　7日ソ連との相互援助・協力条約改定

1976

2月　12日サービス業・手工業の国営化方針の修正決定
5月　18日社会主義統一党第9回党大会（～22日）
8月　18日牧師のブリューゼヴィッツが焼身自殺
10月　1日最低賃金の引き上げ（400マルクへ）
11月　16日ビーアマン追放
12月　15日5ヵ年計画（1976～80）決定

1977

4月　14日ライナー・クンツェが西ドイツへ出国、知識人の出国が相次ぐ

1978

1月　10日シュピーゲル誌記者追放
3月　6日ホーネッカー・シェーンヘル会談
9月　1日学校での軍事教練の義務化の決定

1979

12月　1日最低年金引き上げ。12日NATO二重決議

1980

10月　13日ホーネッカー、ゲーラ演説

1981

4月　11日社会主義統一党第10回党大会（～16日）
12月　3日5ヵ年計画（1981～85）決定。11日両独首脳会談、シュミット西ドイツ首相の東ドイツ訪問（～13日）

1982

1月　25日ハーベマンとエッペルマン、「ベルリン・アピール」発表
3月　25日徴兵法の改正、緊急時に女性に対する兵役を義務化

8月　28日週休二日制完全実施、最低有休日数15日制導入、最低賃金の引き上げ（220マルクから300マルクへ）
10月　7日「マッハ・ミット」運動開始

1968

2月　6日グルノーブル冬季オリンピック、東ドイツチームとして参加（〜8日）
4月　6日ウルブリヒト憲法国民投票
8月　21日ワルシャワ条約機構軍、プラハの春鎮圧
10月　12日メキシコ夏季オリンピック（〜27日）
11月　12日ソ連、「制限主権論」（ブレジネフ・ドクトリン）発表

1969

6月　10日東ドイツ福音教会同盟結成
10月　22日西ドイツ、ブラント政権成立

1970

3月　19日両独エアフルト会談
5月　21日両独カッセル会談
8月　12日ソ連と西ドイツ、モスクワ条約調印

1971

2月　1日最低賃金の引き上げ（300マルクから350 マルクへ）
5月　3日ウルブリヒト社会主義統一党第一書記解任、ホーネッカーの就任
6月　15日社会主義統一党第8回党大会（〜19日）
9月　3日連合4ヵ国ベルリン協定締結
12月　17日両独、ベルリン・トランジット協定調印。20日5ヵ年計画（1971〜75）実施

1972

1月　1日ポーランドとのビザなし往来開始。15日チェコスロバキアとのビザなし往来開始
2月　8日私営企業、半国営企業の国有化宣言
3月　9日妊娠中絶法可決
5月　26日両独交通条約締結
12月　21日両独基本条約調印

1973

2月　8日イギリス、フランスと外交関係樹立（〜9日）
7月　28日第10回青年・学生世界大会（〜8月5日）
8月　1日ウルブリヒト死去
9月　18日国連加盟

9月 12日大統領ピークの死去に伴い国家評議会設立、議長にウルブリヒトが就任

1961

2月 27日請願法制定
8月 13日ベルリンの壁建設開始
9月 7日生産動員運動開始。20日防衛法制定
12月 23日社会主義統一党政治局、女性コミュニケ発表

1962

1月 24日徴兵法制定
6月 17日国民戦線、「国民に関する文書」発表
12月 14日インターショップ開業

1963

1月 15日社会主義統一党第6回党大会（～21日）
6月 25日「計画と指導のための新経済システム」導入
9月 21日青年コミュニケ発表

1964

5月 26日ウルブリヒト、エアハルト宛に「ドイツ評議会」設置を提案する書簡送付
6月 12日東ドイツ・ソ連友好協力相互援助条約
9月 7日建設兵士制度の導入発表
10月 14日ソ連、フルシチョフ第一書記解任

1965

2月 24日ウルブリヒト、エジプト訪問（～3月2日）。25日統一社会主義教育制度法
12月 3日ソ連と通商協定締結（1966～70）。15日社会主義統一党第11回中央委員会総会、「皆伐中央委員会総会」（～18日）

1966

1月 14日「新経済システムの第二段階」を実施
4月 8日隔週で週休二日制導入

1967

1月 31日西ドイツ、ルーマニアとの国交樹立に合意
2月 8日ワルシャワ条約機構外相会議、ウルブリヒト・ドクトリンに合意（～10日）
4月 17日社会主義統一党第7回党大会、「社会主義経済システム」の発表（～22日）
5月 27日新しい経済展望計画（1966～70）発表

7月 23日ツァイサーとヘルンシュタットを役職から解任

1954

1月 1日ソ連の賠償放棄
3月 30日社会主義統一党第4回党大会（～4月6日）

1955

3月 27日青年式導入
5月 14日ワルシャワ条約機構参加
6月 18日ジュネーブ首脳会談（～23日）
9月 8日アデナウアーのモスクワ訪問、西ドイツとソ連の国交回復（～14日）。20日東ドイツ・ソ連国家条約締結、高等弁務官廃止、主権回復
12月 8日西ドイツ、ハルシュタイン・ドクトリン発表（～9日）

1956

1月 18日国家人民軍設立。28日国家人民軍、ワルシャワ条約機構軍に統合
2月 14日ソ連共産党第20回党大会、フルシチョフのスターリン批判（～25日）
3月 24日社会主義統一党第3回全党協議会開催、第2次5ヵ年計画（1956～60）策定（～30日）

1957

3月 7日ハーリッヒとヤンカ、裁判で有罪判決（～9日）
10月 2日ラパツキプラン発表。4日ソ連、人工衛星スプートニク打ち上げ成功。10日ユーゴスラビアと国交正常化

1958

1月 9日人民議会、第2次5ヵ年計画追認
2月 6日シルデヴァン、エルスナー、ヴォルヴェーバーが追放される
5月 28日配給制廃止
7月 10日社会主義統一党第5回党大会（～16日）
9月 1日総合技術学校導入
11月 3日社会主義統一党「中央化学会議」開催（～4日）。4日社会主義統一党政治局「経済の主要課題」、供給と商業に関するコミュニケ発表。27日フルシチョフのベルリン最後通牒発表、第2次ベルリン危機勃発

1959

4月 24日ビッターフェルト会議開催

1960

4月 14日農業集団化完了宣言

4月　17日ソ連軍政部命令64号、デモンタージュの終了宣言。29日ドイツ民主農民党結成
5月　25日ドイツ国民民主党結成
6月　20日西側通貨改革。23日ベルリン封鎖開始。30日2ヵ年計画経済（1949/50）の策定
10月　13日ヘンネッケ運動の開始
11月　25日自由ドイツ労働組合総同盟ビッターフェルト会議、経営評議会の廃止（～26日）

1949

1月　25日社会主義統一党第1回全党協議会（～28日）
5月　12日ベルリン封鎖解除。23日西ドイツ（ドイツ連邦共和国）建国
10月　7日東ドイツ（ドイツ民主共和国）建国。10日ソ連軍政本部解体、ソ連管理委員会設置、東ドイツ暫定政府に権限移譲。15日ソ連と外交関係樹立。17日東欧諸国、中華人民共和国、朝鮮民主主義人民共和国と外交関係樹立（～12月2日）

1950

2月　8日国家保安省（シュタージ）設置。15日国民戦線、綱領決定
4月　21日ヴァルトハイマー裁判（～6月29日）
7月　6日ゲルリッツ条約調印、ポーランドとの国境をオーデル・ナイセ線に。20日社会主義統一党第3回党大会（～24日）。25日ウルブリヒト、社会主義統一党書記長に就任
8月　24日最初の党内粛清、パウル・メルカー党除名
9月　27日女性の同権化に関する法律施行。28日コメコン加入
10月　15日第1回人民議会選挙（国民戦線の統一リスト方式）。20日プラハ東側外相会議、プラハ宣言（～21日）

1951

11月　1日第1次5ヵ年計画（1951～55）開始。2日大統領ピーク、西ドイツ大統領ホイスへの書簡発送

1952

3月　10日スターリン・ノート発表
7月　9日社会主義統一党第2回全党協議会、農業集団化決定（～12日）。23日州の解体、ベルリン以外の14の県を設置

1953

3月　5日スターリン死去
5月　14日閣僚評議会、ノルマ10%引き上げ決定。29日ソ連管理委員会廃止、高等弁務官に転換
6月　9日社会主義統一党政治局「新コース」を決定。17日6月17日事件発生

関連年表

1945

5月　8日ナチ・ドイツ無条件降伏
6月　9日ソ連軍政本部設置。10日ソ連軍政本部命令第2号、「アンチ・ファシズム政党」労働組合の設置許可。11日ドイツ共産党結成。15日ドイツ社会民主党結成。自由ドイツ労働組合同盟結成。26日キリスト教民主同盟結成
7月　5日ドイツ自由民主党結成。14日四党が「アンチ・ファシズム統一戦線」を結成。17日ポツダム会談（～8月2日）
8月　30日連合国管理委員会（在ベルリン）活動開始
9月　3日土地改革開始（～11日）
10月　30日ソ連軍政本部命令第124、126号、国有財産・ナチ・国防軍・大企業財産の接収開始（～31日）

1946

1月　12日連合国管理委員会指令24号、ナチ関係者の公職追放開始
3月　7日自由ドイツ青年団結成
4月　21日ドイツ社会主義統一党結成、第1回党大会（～22日）
6月　5日ソ連軍政本部命令第167号、大企業のソ連株式会社への転換開始。30日ザクセン州での工業部門公有化、人民所有企業設立に関する住民投票
10月　20日ソ連占領地区での自由選挙による州議会選挙実施

1947

1月　1日西側米英「バイゾーン」設置。18日ミンデン協定
3月　12日トルーマン・ドクトリン発表
4月　17日第2回自由ドイツ労働組合総同盟大会、公営企業でのストライキ権放棄（～19日）
6月　4日ドイツ経済委員会設置。5日マーシャル・プラン発表。6日ミュンヘン州首相会議（～7日）
9月　20日社会主義統一党第2回党大会（～24日）
10月　9日ソ連軍政本部命令234号、労働生産性向上のための措置
11月　25日戦勝四ヵ国ロンドン外相会議（～12月15日）

1948

2月　12日ソ連軍政本部命令32号、ドイツ経済委員会に法令の通達権限を付与
3月　20日ソ連、連合国管理委員会から撤収

河合信晴（かわい・のぶはる）

1976年静岡県生まれ．99年成蹊大学法学部政治学科卒業．2011年ドイツ連邦共和国ロストック大学歴史学研究所博士課程現代史専攻修了（Dr.Phil〔現代史〕）．現在，広島大学大学院人間社会科学研究科准教授．

著書『政治がつむぎだす日常―東ドイツの余暇と「ふつうの人びと」』（現代書館，2015年）
『歴史としての社会主義―東ドイツの経験』（共編著，ナカニシヤ出版，2016年）
ほか

物語《ものがたり》 東《ひがし》ドイツの歴史《れきし》
中公新書 *2615*

2020年10月25日初版
2020年11月10日再版

著　者　河合信晴
発行者　松田陽三

本文印刷　暁印刷
カバー印刷　大熊整美堂
製　本　小泉製本

発行所　中央公論新社
〒100-8152
東京都千代田区大手町1-7-1
電話　販売　03-5299-1730
　　　編集　03-5299-1830
URL http://www.chuko.co.jp/

Published by CHUOKORON-SHINSHA, INC.
Printed in Japan　ISBN978-4-12-102615-6 C1222

中公新書

現代史

f3

2590 人類と病 詫摩佳代
2451 トラクターの世界史 藤原辰史
2368 第一次世界大戦史 飯倉 章
27 ワイマル共和国 林 健太郎
478 アドルフ・ヒトラー 村瀬興雄
2553 ヒトラーの時代 池内 紀
2272 ヒトラー演説 高田博行
1943 ホロコースト 芝 健介
2349 ヒトラーに抵抗した人々 對馬達雄
2610 ヒトラーの脱走兵 對馬達雄
2448 闘う文豪とナチス・ドイツ 池内 紀
2329 ナチスの戦争 1918-1949 R・ベッセル 大山 晶訳
2313 ニュルンベルク裁判 A・ヴァインケ 板橋拓己訳
2266 アデナウアー 板橋拓己
2274 スターリン 横手慎二

530 チャーチル（増補版） 河合秀和
2578 エリザベス女王 君塚直隆
1415 フランス現代史 渡邊啓貴
2356 イタリア現代史 伊藤 武
2221 バチカン近現代史 松本佐保
2538 アジア近現代史 岩崎育夫
2586 東アジアの論理 岡本隆司
2437 中国ナショナリズム 小野寺史郎
2600 孫基禎《ソン・ギジョン》―帝国日本の朝鮮人メダリスト 金 誠
2034 感染症の中国史 飯島 渉
1959 韓国現代史 木村 幹
2262 先進国・韓国の憂鬱 大西 裕
2602 韓国社会の現在 春木育美
1763 アジア冷戦史 下斗米伸夫
1876 インドネシア 水本達也
2596 インドネシア大虐殺 倉沢愛子
2143 経済大国インドネシア 佐藤百合

1596 ベトナム戦争 松岡 完
2330 チェ・ゲバラ 伊高浩昭
1664 1665 アメリカの20世紀（上下） 有賀夏紀
1920 ケネディ―「神話」と実像 土田 宏
2140 レーガン 村田晃嗣
2383 ビル・クリントン 西川 賢
2527 大統領とハリウッド 村田晃嗣
2479 スポーツ国家アメリカ 鈴木 透
2540 食の実験場アメリカ 鈴木 透
2504 アメリカとヨーロッパ 渡邊啓貴
2381 ユダヤとアメリカ 立山良司
2415 トルコ現代史 今井宏平
2163 人種とスポーツ 川島浩平
2615 物語 東ドイツの歴史 河合信晴